KARDINAL SUENENS

ERNEUERUNG UND MÄCHTE DER FINSTERNIS

KARDINAL LÉON-JOSEPH SUENENS

Erneuerung und Mächte der Finsternis

OTTO MÜLLER VERLAG SALZBURG

Aus dem Französischen übersetzt von
P. Bruno Bayer S.A.C.

ISBN 3-7013-0655-9

Originaltitel: Renouveau et Puissances des ténèbres
Document de Malines 4
Herstellung: Druckerei Berger, Horn

JOSEPH KARDINAL RATZINGER
Präfekt der Glaubenskongregation

VORWORT

Obgleich die Nachgeschichte des Konzils der Hoffnung von Papst Johannes XXIII. auf ein neues Pfingsten wenig zu entsprechen scheint, ist doch die Bitte darum nicht einfach unerhört geblieben. Mitten in einer Welt der rationalistischen Skepsis ist eine neue Erfahrung des Heiligen Geistes aufgebrochen, die inzwischen zu einer weltweiten Erneuerungsbewegung geführt hat: Was das Neue Testament von den Charismen sagt, in denen sich das Kommen des Heiligen Geistes sichtbar darstellte, ist hier nicht mehr bloß toter Bericht über längst Vergangenes, sondern erweist sich neu als Gegenwart. Wo aber der Geist Gottes nahekommt, trägt sich eine Schärfung der Wahrnehmung zu für das, was ihm entgegensteht; darauf weist das bekannte Wort von Chesterton hin: „Ein Heiliger ist jemand, der weiß, daß er ein Sünder ist."

Während für eine rationalistisch verflachte Theologie der Teufel und die Welt der Dämonen nur noch eine Chiffre für die inneren Gefährdungen des Menschen sind, ist im Bereich der Erneuerung aus dem Heiligen Geist auch wieder ein konkretes Wissen um die Realität des Dämonischen und um die Bedrohung des Menschen durch diese Mächte entstanden. So gehört das Gebet um Befreiung von den Dämonen, das sich zu einem dem Exorzismus ähnlichen Ritual entwickelt hat, heute zum festen Bestandteil des Lebens charismatischer Gruppen.

Es liegt auf der Hand, daß hier auch erhebliche Gefahren lauern, denen aber nicht mit einem billigen Belächeln der „Charismatiker" und auch nicht mit einer äußerlichen, mehr oder weniger rationalistischen Kritik beizukommen ist, sondern nur mit einer Wegweisung von innen her, die sich selbst in den Raum der Gaben des Heiligen Geistes stellt, aber als eine dieser Gaben auch die Nüchternheit erkennt und aus solcher pneumatischer Nüchternheit heraus dem Appell des Apostels entspricht: „Löschet den Geist nicht aus ... prüft alles, das Gute behaltet“ (1 Thess 5,20 f).

Kardinal Suenens hat dankenswerterweise in dem vorliegenden Werk diese Aufgabe einer Unterscheidung der Geister und einer Führung aus dem Geist wahrgenommen, die für die Erneuerungsbewegungen ebenso wichtig ist wie für die Kirche im ganzen. Er stellt zunächst die Grundfrage heraus, die für eine fruchtbare Entwicklung der Erneuerungsbewegung entscheidend ist: das Verhältnis von persönlicher Erfahrung und gemeinsamem Glauben der Kirche. Beides ist wichtig: Dogmatischer Glaube ohne persönliches Erfahren bleibt leer, bloße Erfahrung ohne die Einbindung in den Glauben der Kirche wird blind. Die Isolierung der Erfahrung stellt heute weit über die Erneuerungsbewegungen hinaus eine Grundgefährdung des Christlichen dar; im letzten ist sie, auch wo sie „pneumatisch“ beginnt, ein Tribut an den Empirismus der Gegenwart. Mit dieser Isolierung der Erfahrung ist der Fundamentalismus eng verknüpft, der die Bibel aus dem Ganzen der Heilsgeschichte löst und sie in einer Direktheit mit den Erfahrungen des eigenen Ich verknüpft, die weder der historischen Realität noch der Weite des Geheimnisses gerecht wird. Auch hier kann nur das Verstehen der Bibel in der Einheit mit der ganzen Kirche, nicht etwa ihre pure Historisierung, die rechte Antwort sein. Das aber bedeutet wiederum, daß Charisma und Institution zusammengehören, daß nicht das Wir der Gruppe, sondern nur das große Wir der Kirche aller Zeiten den rechten Rahmen bieten kann, um sowohl das Gute „zu bewahren“ wie die Geister „zu unterscheiden“.

Von diesen Grundkategorien geistlichen Lebens her kann Kardinal Suenens dann auch die Frage der Dämonen und des Gebets um Befreiung auf die richtigen Maße bringen: Das

Mysterium des Bösen wird in die grundlegende christliche Perspektive eingeordnet, und diese Perspektive ist die Auferstehung Jesu Christi, der Sieg über die Mächte des Bösen. In solcher Perspektive wird die christliche Freiheit und die christliche Zuversicht deutlich, die „die Furcht hinauswirft" (1 Jo 4,18), aber eben aus der Furchtlosigkeit der Wahrheit heraus auch die Macht des Bösen erkennen kann. Die Zweideutigkeit wird als Kern des Phänomens des Dämonischen sichtbar, und als Kern des Kampfes dagegen erscheint folglich die tägliche Bemühung um das Leben aus dem Glauben. Was aus diesen wesentlichen Perspektiven dann an konkreten Weisungen für die Erneuerungsgruppen und für ihre Praxis des Befreiungsgebetes folgt, kann man nur dringend der sorgfältigen Lektüre und Beachtung empfehlen. Auch der doppelte Appell des Kardinals ist höchst beachtenswert: an die Träger des „Amtes" von den Pfarrern bis zu den Bischöfen, die „charismatische Bewegung" nicht an die Seite zu stellen, sondern voll anzunehmen; an die Menschen, die in der Erneuerungsbewegung stehen, den Zusammenhalt mit der ganzen Kirche und mit dem „Charisma" des Amtes zu suchen und zu wahren.

Als Präfekt der Glaubenskongregation kann ich das Werk von Kardinal Suenens als einen wichtigen Beitrag zur rechten Entfaltung des geistlichen Lebens in der Kirche von heute nur herzlich begrüßen. Ich hoffe, daß es innerhalb und außerhalb der Erneuerungsbewegung beachtet und als Leitfaden in den hier behandelten Fragen angenommen wird.

Rom, am Fest des Hl. Apostels Jakobus 1982

LÉON-JOSEPH KARDINAL SUENENS

EINLEITUNG

Dieses vierte „Dokument von Mecheln" geht ein besonders heikles Thema an. Es möchte Antwort geben auf die Frage: Wie muß, theoretisch und praktisch, die Haltung des Christen sein gegenüber der Wirklichkeit und dem Einfluß des Geistes des Bösen in der Welt?

Ein schwieriges Problem, handelt es sich doch um einen ausdrücklich finsteren Bereich. Wer sich ihm nähert, muß sich vor jeder Vereinfachung hüten, sei sie fundamentalistisch oder rationalistisch.

Es ist nicht meine Absicht, den Bereich nach allen Richtungen hin zu erforschen. Ich beschränke mich vielmehr darauf, die Lehre und die Seelsorgspraxis der Kirche auf diesem Gebiet darzulegen und sie dann gewissen Verhaltensweisen gegenüberzustellen, die man in bezug auf Befreiung und Exorzismus bei Gruppen oder Gemeinschaften der charismatischen Erneuerung beobachten kann.

Paul VI. hat ganz ausdrücklich dazu eingeladen, das Wirken des Bösen, der unserem zeitgenössischen Denken so fremd ist, neu zu untersuchen. Unsere Arbeit fügt sich in diese Perspektive ein.

Nach strenger Logik hätte zuerst das „Charisma der Heilung" behandelt werden müssen, das durch die charismatische Erneuerung und in ihr eine Wiederbelebung erfahren hat. Die Ausübung des Exorzismus und der Befreiung steht mit diesem Charisma in Zusammenhang, ohne aber mit ihm gleichzusein. Dieses Thema wäre aber zu umfangreich gewesen, und es sind jetzt dringend nötige Klärungen zu geben, was Auswahl und Priorität bestimmt hat.

Ich möchte helfen, einen sicheren Weg zwischen zwei Klippen aufzuzeigen:

Einerseits dürfen wir die Anwesenheit des Geistes des Bösen in der Welt nicht unterschätzen; anderseits dürfen wir ihn nicht bekämpfen ohne das Unterscheidungsvermögen und ohne die unbedingt nötigen Garantien der Kirche.

Ob man es will oder nicht, die Kirche steht vor einem ernsten Seelsorgsproblem, das ihre eigene Sendung in der Welt berührt. Sie kann ihm nicht ausweichen, trotz der Vielschichtigkeit und Schwierigkeit des Gegenstandes: es geht hier um ihre Treue zum Evangelium und ihre Pflicht, dem Zugriff des Bösen in der heutigen Welt entgegenzutreten.

Wenn ich das Wort „Mal"[1] mit großem Anfangsbuchstaben schreibe, stehe ich gleich zu Beginn vor einer Entscheidung. Soll man das Wort mit kleinem Anfangsbuchstaben schreiben und damit ganz allgemein die schädlichen und zerstörenden Einflüsse bezeichnen, die heutzutage den Menschen und die Gesellschaft bedrängen? Oder geht es außerdem darum, über diese bösen und finsteren innermenschlichen Kräfte hinaus eine Macht des Bösen anzuerkennen, die, mit Verstand und Willen ausgestattet, in der Welt am Werke ist?

Man entrinnt der Frage und dem Dilemma nicht: entweder man anerkennt die Existenz des Dämons und riskiert den Anschein, mit der kritischen modernen Mentalität in Widerspruch zu geraten, oder man leugnet sie und riskiert dann den Widerspruch mit dem Evangelium und der Überlieferung der Kirche.

Auf den folgenden Seiten möchte ich helfen, einen Weg zu bahnen zwischen Scylla und Charybdis, ohne die Gegebenheiten des Problems zu mißachten. Ich muß zugleich die Existenz des Geistes des Bösen ohne Umschweife anerkennen, aber auch vor der Versuchung warnen, sich auf einer Straße voller Fallstricke unbesonnen auf Abenteuer einzulassen.

Die Verkehrssicherheit wird gewährleistet von grünen und

roten Signalen und manchmal von orangefarbenem Blinklicht. Wir möchten im vorliegenden Fall einen ähnlichen Dienst anbieten.

Dieses vierte Dokument von Mecheln betrifft ein Problem, das uns alle angeht, über die Grenzen der charismatischen Erneuerung hinaus: es möchte den authentischen Gedanken des kirchlichen Lehramtes herausarbeiten und auf gewisse Abweichungen aufmerksam machen. Um das Studium dieser Seiten zu erleichtern, haben wir den Text in Nummern eingeteilt, im Hinblick auf Diskussionen und Untersuchungen in der Gruppe, bei Tagungen oder Seminaren.

Jedes Kapitel schließt mit einem Gebet, das der Liturgie der Kirche entnommen ist. Das ist eine Einladung, diese Seiten zu lesen und sie auch durchzubeten, in tiefer Verbindung mit dem Glauben der Kirche, der unserem eigenen Glauben erst seine volle Dimension gibt, seine Kraft und seine Sicherheit. Die betende Kirche ist schon von sich aus lehrende Kirche.

Diese Seiten sind geschrieben worden in Gebet und Leiden. Ich weiß nämlich, daß sie einerseits als veraltet erscheinen werden bei dem, der den Dämon für einen Mythos ansieht. Anderseits werden sie als wenig oder gar nicht auf pastorale Erfahrung gestützt in den Augen jener erscheinen, welche die Befreiung (vom Bösen) in großem Umfang praktizieren und die überdies befürchten, daß „Warnungen die Erneuerung in Mißkredit bringen könnten“. Ich bin hingegen der Meinung, daß Richtigstellungen die Glaubwürdigkeit der Erneuerung und ihre unermeßlichen geistlichen Kräfte nur festigen können.

Was die Erfahrung angeht, möchte ich einfach sagen, daß ich, für meinen Teil, am diabolischen Einfluß, der in gewissen deutlichen Fällen am Werke ist, nicht zweifeln kann und daß ich Zeuge oder Werkzeug bei Befreiungen durch Exorzismus gewesen bin. Im übrigen danke ich den Leitern der Erneuerung – Priestern und Laien –, die es mir ermöglicht haben, in verschiedenen Ländern der Erde vor Ort festzustellen, wie die „Befreiung“ durchgeführt wurde.

Möge diese Arbeit eine Hilfe sein, Hindernisse wegzuräumen und die Wege des Herrn zu ebnen. Mehr denn je muß der Heilige Geist uns alle erleuchten: Er allein kann uns in das Verständnis des Geheimnisses der Erlösung und in die Fülle der Wahrheit einführen. Und diese ist bereits durch sich selbst Lösung und Befreiung gemäß dem Herrenwort: „Die Wahrheit wird euch frei machen.“

Maria möge uns vom Herrn die Gnade erlangen, in Demut und Verfügbarkeit in die Gabe der Unterscheidung und die mütterliche Weisheit der Kirche einzudringen.

Sie helfe jedem von uns, für den Heiligen Geist ganz offen zu sein und mit Mut und Unterscheidungsvermögen allem entgegenzutreten, was das Reich Gottes hemmt und bekämpft in dieser Welt, welche die unsrige ist und die nach einem Wort Pauls VI. zugleich „großartig und von schmerzlicher Tragik ist“.

ERSTER TEIL

KIRCHE UND MÄCHTE DER FINSTERNIS

I. Kapitel

DER DÄMON, MYTHOS ODER WIRKLICHKEIT?

1. Der Glaube der Kirche

1 Man muß zugeben, daß heute unter den Christen ein Unbehagen herrscht hinsichtlich der Existenz des bzw. der Dämonen. Mythos oder Wirklichkeit? Gehört Satan ins Reich der Phantome? Ist er einfach nur die symbolische Personifizierung des Bösen, eine ungute Erinnerung an ein vergangenes vorwissenschaftliches Zeitalter?

Zahlreiche Christen entscheiden sich für den Mythos. Wer den Dämon als Wirklichkeit akzeptiert, fühlt sich gehemmt und verlegen, von ihm zu reden. Er fürchtet, den Anschein zu erwecken, daß er sich mit den volkstümlichen bildhaften Darstellungen, die den Teufel umgeben, solidarisiere und den Fortschritt der Wissenschaft leugne.

Der Religionsunterricht, die Predigt, der theologische Lehrbetrieb an den Universitäten und in den Seminaren meiden das Thema für gewöhnlich. Und selbst wo man die Existenz des Dämons diskutiert, geht man kaum an die Untersuchung seiner Wirkung und seines Einflusses in der Welt heran. Der Dämon hat es fertiggebracht, daß man ihn für einen Anachronismus hält: das ist der gelungene Meisterzug seiner listigen Taktik.

Unter diesen Umständen braucht der Christ von heute Mut, der billigen Ironie und dem mitleidigen Lächeln seiner Zeitgenossen standzuhalten.

Das gilt um so mehr, als die Anerkennung der Existenz des Dämons kaum zu dem paßt, was Léo Moulin „den pelagianischen Optimismus unserer Epoche" nennt.

Der Christ ist also mehr denn je eingeladen, der Kirche Vertrauen zu schenken, sich von ihr führen zu lassen, jenes demütige Gebet zu seinem eigenen zu machen, das sie bei jeder Eucharistiefeier uns auf die Lippen legt:

„Herr, schau nicht auf unsere Sünden, sondern auf den Glauben deiner Kirche.“

Unser eigener Glaube, arm und wankend, stärkt und nährt sich am Glauben der Kirche, der ihn trägt, schützt und ihm Elan und Sicherheit gibt. Das bewahrheitet sich besonders auf diesem Gebiet.

2 In diesem kindlichen Geist müssen wir die Stimme von Papst Paul VI. hören, der uns aufforderte, das Unbehagen zu überwinden, das Schweigen zu brechen und anzuerkennen, daß auch heute die Gegenwart des Bösen – leider – kein Anachronismus ist. Hier die Kernaussage seiner Erklärung:

Ein lebendiges, ein geistiges, ein pervertiertes Wesen

„. . .Das Böse ist nicht nur ein Mangel, sondern eine Wirkkraft, ein lebendiges, geistiges Wesen, pervertiert und pervertierend: eine schreckliche Realität, geheimnisvoll und furchterregend. Wer die Existenz dieser Realität bestreitet, stellt sich außerhalb der biblischen und kirchlichen Lehre. . . oder auch, wer sie zu einer Pseudowirklichkeit erklärt, für eine erfundene, phantastische Personifikation der unbekannten Ursachen unserer Übel. . . Christus definiert Satan als ‚Mörder von Anfang an. . . den Vater der Lüge‘ (vgl. Joh 8,44–45). Er ist der raffinierte Ränkeschmied, der das sittliche Gleichgewicht im Menschen stört. . . Es wird nicht gesagt, daß jede Sünde auf einen direkten Einfluß des Teufels zurückgeht. Aber es ist auch wahr, daß derjenige, der nicht mit aller sittlichen Strenge über sich selbst wacht (vgl. Mt 12,45; Eph 6,11), sich dem Einfluß des ‚Geheimnisses der Bosheit‘ aussetzt, von dem der hl. Paulus spricht (2 Thes 2,3–12), und sein Heil gefährdet.“[2]

3 Über das gleiche Thema wurde im *Osservatore Romano* eine autorisierte Studie veröffentlicht unter dem Titel *„Christli-*

cher Glaube und Dämonenlehre". Sie wurde von der Glaubenskongregation empfohlen als sichere Grundlage, um die Doktrin des Lehramtes über dieses Thema neu zu bekräftigen. Wir bringen hier die Schlußfolgerungen der Studie. Der Verfasser beginnt mit dem Nachweis, warum die Existenz Satans nie zum Gegenstand einer dogmatischen Erklärung gemacht worden ist.

Beständiger und gelebter Glaube

„Was die Lehre über die Dämonen betrifft, so ist die Stellung der Kirche klar und fest. Es ist wahr, daß im Lauf der Jahrhunderte die Existenz Satans und der Dämonen niemals zum Gegenstand einer expliziten Aussage ihres Lehramtes gemacht worden ist. Die Häretiker und die Gläubigen, die sich in gleicher Weise auf die Heilige Schrift stützten, stimmten darin überein, daß sie deren Existenz und deren wichtigste unheilvolle Taten anerkannten. Daher ist es heute, wenn die Wirklichkeit der Dämonen in Zweifel gezogen wird, notwendig. . ., sich auf den konstanten und universalen Glauben der Kirche und auf dessen wichtigste Quelle, die Lehre Christi, zu beziehen. In der Lehre des Evangeliums und inmitten des gelebten Glaubens ist es nämlich, wo sich die Existenz der Welt der Dämonen als eine dogmatische Tatsache offenbart."[3]

Der Verfasser zeigt dann, gestützt auf ein Zitat Pauls VI., daß es sich hier nicht um eine nebensächliche Aussage handle, die man im Handumdrehen abweisen könne und die keine Auswirkung habe auf das, was im Geheimnis der Erlösung auf dem Spiel steht.

„Das heutige Unbehagen, das wir eingangs aufgezeigt haben, zieht also nicht nur einen zweitrangigen Bestandteil des christlichen Gedankengutes in Frage, sondern berührt den konstanten Glauben der Kirche, ihre Art, die Erlösung zu verstehen und zuallererst sogar das Bewußtsein Jesu selbst.

Deshalb konnte Papst Paul VI., als er kürzlich von dieser ‚furchtbaren, geheimnisvollen und beängstigenden Wirklichkeit' sprach, mit Autorität feststellen: ‚Wer sich weigert, deren Existenz anzuerkennen, verläßt den Bereich der biblischen und kirchlichen Lehre; ebenso wer aus ihr ein in sich stehendes Prinzip macht, das nicht wie jegliche Kreatur von Gott seinen Ursprung hat... Weder die Exegeten noch die Theologen sollten diese Warnung überhören."[4]

Die Existenz des Dämons bejahen heißt nicht in den Manichäismus abgleiten noch auch die Verantwortung und menschliche Freiheit deswegen vermindern.

Verantwortung und Freiheit des Menschen

4 „Wir wiederholen daher, daß die Kirche, indem sie auch heute noch die Existenz der Dämonen unterstreicht, weder zu den dualistischen und manichäischen Spekulationen früherer Zeiten zurückzukehren noch einen für die Vernunft annehmbaren Ersatz anzubieten beabsichtigt. Sie will nur dem Evangelium und seinen Forderungen treu bleiben. Sie hat natürlich dem Menschen niemals gestattet, sich seiner Verantwortung zu entledigen, indem er seine eigene Schuld den Dämonen zuschreibt. Die Kirche hat nicht gezögert, gegen eine solche Ausflucht, wo sie sich ergab, aufzutreten und mit dem hl. Johannes Chrysostomus zu sagen: ‚Es ist nicht der Teufel, sondern die eigene Nachlässigkeit der Menschen die Ursache aller ihrer Versagen und aller Übel, die sie beklagen.'

Diesbezüglich zeigt die christliche Lehre mit ihrer entschiedenen Verteidigung der Freiheit und der Größe des Menschen und in ihrer Betonung der Allmacht und der Güte des Schöpfers kein Nachgeben. Sie hat in der Vergangenheit stets verurteilt und wird immer verurteilen, daß man sich allzu leichtfertig als Vorwand auf einen dämonischen Einfluß beruft. Sie hat sowohl den Aberglauben wie die Magie abgelehnt und jegliche Kapitulation in der Lehre gegenüber dem Fatalismus und jeden Verzicht auf die Freiheit gegenüber der Macht verweigert."[5]

Kritischer Geist und Klugheit sind mehr als sonst streng gefordert auf einem Gebiet, wo die Unterscheidung schwierig ist und wo diese selbst nach Garantien verlangt.

Kritische Forderung

„Mehr noch, wenn man von einem möglichen Eingriff Satans spricht, hat die Kirche stets wie bei den Wundern einer kritischen Überprüfung Raum gegeben. Auf diese Weise fordert sie Behutsamkeit und Umsicht. Denn es ist leicht, Opfer der Einbildung zu werden, sich von ungenauen Berichten verleiten zu lassen, die entweder unbeholfen weitererzählt oder irrig interpretiert werden. In diesen wie in anderen Fällen ist es notwendig, zu unterscheiden und der Nachforschung und ihren Ergebnissen die ihnen gebührende Aufmerksamkeit zu schenken."[6]

2. Der Dämon – Widersacher Gottes?

5 Die Anspielung in obiger Zitation auf dualistische und manichäische Spekulationen ist eine Warnung vor jeder Theorie, die aus dem Dämon eine Art von Gegen-Macht, einen Gegenspieler machen würde, der Gott direkt entgegengesetzt wäre, wie es zwei Rivalen auf gleicher Kampflinie sind.

Man muß in der Tat vermeiden, sich den Satan als eine Art Gegen-Gott vorzustellen, als existierten zwei absolute Wesen, die sich gegenüberstünden wie das Prinzip des Guten und des Bösen. Gott ist der einzige Absolute, transzendent und souverän. Der Dämon, Geschöpf Gottes, ursprünglich gut in seiner seinsmäßigen Wirklichkeit, spielt in der Schöpfung die

Rolle eines zerstörerischen, verneinenden und untergeordneten Parasiten. Er ist der Vater der Lüge, der Perversion. Er ist eine mit Bewußtsein ausgestattete Kraft, die einen zerstörerischen Plan kennt, will, verfolgt und sich so ins Gegen-Reich stellt und darin wirkt, d. h. in Opposition zum messianischen Königreich.

Satan darf nicht verstanden werden als ein Gegner, der Gott gegenübersteht, ihm Trotz bietet und ihn in Schach hält.

Schon beim ersten Auftreten Satans in der Bibel, als Anfang des Bösen in der Gestalt der Schlange, wird unterstrichen, daß er ein Geschöpf Gottes ist (Gen 3,1). Vor allem ist er aber ein Feind des Menschen (Weish 2,24). Der hl. Ignatius nennt ihn in den Geistlichen Übungen „den Feind der menschlichen Natur".

Genau so zeigen ihn auch die ersten Kapitel des Buches Job. Um seinen bösen Plan gegen den Menschen auszuführen, kam auch der Satan unter den „Gottessöhnen, um vor den Herrn hinzutreten" (Jb 1,6 und 2,1).

Das Alte Testament spricht zurückhaltend von der Rolle Satans, vielleicht um zu vermeiden, daß Israel aus ihm einen zweiten Gott mache. Er gewinnt größere Bedeutung im Judentum zur Zeit Christi, als diese Gefahr für das Judentum nicht mehr bestand, weil die absolute Transzendenz Gottes ganz deutlich geworden war.

Die Bibel stellt ihn vor unter dem Namen Satan (der Widersacher) oder Teufel (der Verleumder), als ein persönliches Wesen, unsichtbar in sich selbst, körperlos, mit Einsicht und Freiheit begabt.

Was die Dämonen angeht, werden sie in der heidnisch-griechischen Welt gleichgesetzt mit den Geistern der Toten oder mit heidnischen Gottheiten. In der Bibel hingegen bezeichnen sie verschiedene „Geister des Bösen", welche das Neue Testament „unreine Geister" nennt.

3. Jesus und der Dämon

6 Man kann das Evangelium nicht lesen, ohne von der Gegenwart des Bösen in seiner Opposition zu Jesus betroffen zu werden. Die Gegnerschaft ist beständig, auch wenn sie nicht immer im Vordergrund steht. Man nimmt sie schon zu Beginn des öffentlichen Lebens des Erlösers deutlich wahr. Die Schilderung der Versuchung Jesu in der Wüste ist wie das Vorwort zur Sendung, die der Erlöser erfüllen sollte, wie der Schlüssel zum Drama, das sich auf dem Kalvarienberg abspielen sollte.

Diese unvermeidliche Konfrontation ist nicht eine einfache Episode unter anderen, sondern eine Vorwegnahme des Enddramas. Schon hebt sich der Vorhang und läßt uns einen Blick tun in das Geheimnis des Karfreitags. Im übrigen schließt Lukas den Bericht von der Versuchung in der Wüste mit folgenden Worten ab: „Als der Teufel mit all seiner Versuchungskunst zu Ende war, ließ er von ihm ab, bis zu einer andern Zeit“ (Lk 4,13). Ohne Zweifel eine Anspielung auf den Endkampf, der sich erfüllen wird in der Stunde der Passion.

Im Evangelium wird wiederholt auf „die Finsternis“ hingewiesen, wie um uns zwischen den Zeilen die heimtückische Gegnerschaft des Feindes mit dem Finger berühren zu lassen.

Als Judas aus dem Abendmahlssaal fortging, „nachdem der Satan in ihn gefahren war“, da vermerkt Johannes eigens: „Es war aber Nacht“ (13,30). Dieses Detail steht nicht da aus purer Sorge um historische Genauigkeit.

Die feindselige Anwesenheit des Gegners läßt sich zwischen den Zeilen bei jedem Schritt herauslesen, und da Jesus am Kreuz sein Leben aushaucht, vermerkt der inspirierte Verfasser, wiederum nicht aus Sorge ums Detail, sondern aus Gründen der theologischen Dichte: „Da legte sich eine Finsternis auf das ganze Land“ (Lk 23,44).

Den Kampf Christi gegen den Versucher finden wir während seines ganzen Lebens immer wieder. Jesus kämpft gegen jene, die der Dämon als Werkzeug benützt, um ihn vom Weg des Vaters abzubringen: die Juden seiner Zeit und, bei bestimmten Gelegenheiten, selbst die Apostel: Petrus (Mt 16,23), Jakobus und Johannes (Lk 9,54–55).

Hier ist eine Konstante in seinem Leben: wir haben nicht das Recht, sie in Klammern zu setzen und sie mit Schweigen zu übergehen.

Zur Reflexion und zum Austausch

1. *Das* Böse (le mal) anzuerkennen, ist eine Sache; *den* Bösen (le Mal) und seine Existenz anzuerkennen, ist eine andere. Untersuchen wir diesbezüglich die Worte von Papst Paul VI. (Nr. 2).
2. Arbeiten wir die wesentlichen Punkte des im *Osservatore Romano* veröffentlichen Dokuments heraus: Warum wurde die Existenz Satans nie zum Gegenstand einer ausdrücklichen Erklärung des Lehramtes gemacht? (Nr. 3).
3. Welches sind die Übertreibungen, die hinsichtlich der Natur und der Rolle des Dämons zu vermeiden sind? (Nr. 4–5).
4. Die Gegenwart des Bösen in seiner Opposition zu Jesus aus dem Evangelium herausarbeiten (Nr. 6).

Beten wir mit dem Glauben der Kirche, daß wir in die ganze Dimension des Erlösungsgeheimnisses eintreten:

Heiliger Gott, Du hast Deinen Sohn der Schmach des Kreuzes unterworfen, um uns der Gewalt Satans zu entreißen. Gib uns die Gnade, daß wir einst in Herrlichkeit auferstehen.

Tagesgebet vom Mittwoch in der Karwoche

II. KAPITEL

DIE KIRCHE, ECHO UND INTERPRETIN DES WORTES GOTTES

7 *1. Die Kirche in Lebensbeziehung mit dem Wort*

Das Zweite Vatikanische Konzil hat diese Lebensbeziehung in der Konstitution über die Offenbarung in Worten von seltener Dichte ausgesprochen:

„Die Aufgabe aber, das geschriebene oder überlieferte Wort Gottes verbindlich zu erklären, ist nur dem lebendigen Lehramt der Kirche anvertraut, dessen Vollmacht im Namen Jesu Christi ausgeübt wird. Das Lehramt ist nicht über dem Wort Gottes, sondern dient ihm, indem es nichts lehrt, als was überliefert ist, weil es das Wort Gottes aus göttlichem Auftrag und mit dem Beistand des Heiligen Geistes voll Ehrfurcht hört, heilig bewahrt und treu auslegt und weil es alles, was es als von Gott geoffenbart zu glauben vorlegt, aus diesem einen Schatz des Glaubens schöpft" (Nr. 10).

Das Wort Gottes kommt auf uns in einzigartiger Weise durch die inspirierte Schrift zu, es gelangt aber auch auf einer anderen Ebene zu uns, durch die authentischen Verlautbarungen des lebendigen Lehramtes, das aus dem Wort Gottes ständig Nahrung schöpft wie aus einer stets sprudelnden Quelle.

Und diese Lehre verkörpert sich und drückt sich bildhaft aus in der lebendigen Botschaft, welche die Heiligen uns darbieten. Sie sind wie ein Katechismus in Bildern, wie Glasfenster in Kathedralen, aus denen unsere Vorfahren die Bibel lasen.

Der hl. Johannes sagt uns von Jesus, daß „sein Leben Licht war". Wir müssen die Strahlen seines Antlitzes im Gesicht derer auffangen, die sie treu widerspiegeln. Sie sprechen zu uns in ihren Schriften und in ihrem Leben. Ihre Lebensworte sind gewiß bruchstückhaft, aber doch Widerhall des einzigen Gotteswortes, das wir auf den verschiedenen Wellenlängen aufnehmen müssen, wo immer es sich an uns wendet.

2. Bibellesung in der Kirche

8 Im Bereich der „Befreiung", der uns hier angeht, spürt man mehr als anderswo, wie sehr das lebendige Lehramt der Kirche erforderlich ist, um den Gläubigen bei der Lektüre und Auslegung des Wortes Gottes zu leiten und willkürlichen und abwegigen Interpretationen vorzubeugen. Es ist nicht leicht, in der Heiligen Schrift die rein kulturellen und geschichtlichen Elemente von der eigentlichen Botschaft Gottes an die Menschheit zu unterscheiden. Wie soll man *das* Wort Gottes aus *den* zahlreichen Wörtern der biblischen Schriftsteller herauslesen? Die Frage ist vielschichtig.

Man kann sich nicht auf die biblischen Texte stützen ohne ernsthafte Untersuchung der in den zitierten Stellen angewandten literarischen Art, wie es bereits Pius XII. in der Enzyklika *Divino afflante Spiritu* gesagt hat:

„Der Exeget muß daher mit aller Sorgfalt, ohne irgendeine Erkenntnis zu vernachlässigen, die die neuere Forschung gebracht hat, festzustellen suchen, welches die Eigenart und Lebenslage des biblischen Schriftstellers war, in welcher Zeit er lebte, welche mündlichen oder schriftlichen Quellen er benutzte, welcher Redegattung er sich bediente. Auf diese Weise wird er vollkommener erkennen, wer der biblische Schriftsteller war und was er mit seinem Werk beabsichtigte...

Der Literalsinn einer Stelle liegt indes bei den Worten und Schriften altorientalischer Autoren oft nicht so klar zutage wie bei unseren heutigen Schriftstellern. Was die alten Orientalen mit ihren Worten ausdrücken wollten, läßt sich nicht durch die bloßen Regeln der Grammatik oder Philologie oder allein aus dem Zusammenhang bestimmen."[7]

Man kann nie genug die Notwendigkeit einer „kirchlichen" Lektüre der Bibel betonen. Sie will gelesen werden im Licht der Interpretation durch das lebendige Lehramt der Kirche.

Ich kenne keine bessere Darstellung zur Sache als das Buch von Pater Georges II. Tavard. Er ist Spezialist in Fragen des Ökumenismus und von daher sehr sensibel für dieses Thema.

„Die Schrift", schreibt er sehr richtig, „kann nicht Wort Gottes sein, wenn man sie loslöst und isoliert von der Kirche, welche die Braut und der Leib Christi ist. Und die Kirche könnte nicht die Braut des Herrn sein, hätte sie nicht die Gabe der Erkenntnis des Wortes Gottes empfangen. Diese beiden Phasen der Herabkunft Gottes unter den Menschen sind Aspekte ein und desselben Geheimnisses.

Letzten Endes sind sie eins in der Zweiheit. Die Kirche schließt die Schrift mit ein, wie die Schrift die Kirche miteinschließt."[8]

3. Die Ausdrucksformen des kirchlichen Glaubens

9 Die Kirche, Interpretin des Wortes Gottes, drückt ihren Glauben auf verschiedene Weisen aus.

Einmal durch ihr liturgisches und sakramentales Leben, das ein Verständnis des Wortes Gottes einschließt. Bekannt ist der Grundsatz: *Lex orandi, lex credendi* – das Gesetz des Betens ist das Gesetz des Glaubens.

Ein anderes Mal durch ihr lebendiges ordentliches Lehramt, d. h. durch die gemeinsame Lehre des Kollegiums der Bischöfe in Einheit mit dem Papst.

Dann wieder durch eine Erklärung ihres außerordentlichen Lehramtes, zum Beispiel bei einem Konzil oder zur Klarstellung bei Gefahr einer Irrlehre oder Abweichung.

Schließlich durch eine Verlautbarung „ex cathedra" vom

Papst selbst, der dann den Glauben der Kirche zum Ausdruck bringt und authentisch definiert.

So gelangt das inspirierte Wort zu uns: gehalten und getragen von der lebendigen Überlieferung der Kirchenlehrer und der Heiligen, erhellt und beglaubigt vom Lehramt. Das ist der Lebenszusammenhang, in den für uns das christliche Leben und der vollkommene Glaube eingetaucht sind.

4. Die gegenseitige Ergänzung biblischer Texte

10 An diese Ergänzung muß man ganz besonders dann denken, wenn man ein gewisses Schrifttum liest, das Bibeltexte nach Belieben des Verfassers anhäuft, ohne jemals andere Texte zu zitieren, die eine ausgeglichene Gesamtschau ermöglichen. Jesus verspricht den Seinen einen unsagbaren Frieden und erklärt zugleich, er sei nicht gekommen, den Frieden zu bringen, sondern das Schwert. Er erinnert an die Pflicht, seinen Vater zu ehren, und an anderer Stelle erklärt er, man müsse seinen Vater hassen, um Ihm zu folgen und solle die Toten die Toten begraben lassen. Hier liegen die Paradoxe, die Kontraste, die Ergänzungsaspekte des Evangeliums. Ein Diamant hat zahlreiche Facetten, welche die Sonne abwechselnd aufleuchten läßt. Bei Claudel sagt jemand: „Ich liebe die Dinge, die miteinander existieren." Jede Einseitigkeit ist gefährlich.

5. Altes und Neues Testament

11 Wir müssen uns daran erinnern, daß die Heilige Schrift in verschiedenem Licht zu lesen ist. Das Alte Testament, Vorbereitung und Vorausschau auf das Neue Testament, muß in diesem Licht gelesen werden. Das Evangelium selbst ist von Anfang an im Licht des Ostergeschehens zu lesen, das auf jeder Seite durchscheint.

Diese Schlüssel zum Verständnis der Lektüre sind besonders dringend zu beachten in dem dunklen Bereich, der uns hier beschäftigt; sonst könnten wir leicht vergessen, daß das Evangelium Frohe Botschaft ist.

Wir müssen uns hier also auf mehreren zusammenführenden Wegen fragen, was die authentische Meinung der Kirche ist hinsichtlich der Gegenwart des bösen Geistes und der Mächte der Finsternis in der Welt.

Als Leitfaden der Texte scheint es mir nützlich zu sein, die Aufmerksamkeit auch auf die verschiedenen Zeitepochen zu lenken, in denen ein Schrifttext entstanden ist.

Wie schon gesagt, ist die Sehweise des alten Judentums nicht die Sehweise des Judentums zur Zeit Christi. Daran muß man sich bei der Textauslegung erinnern. Ebenso, ja noch mehr ist zu beachten, daß das Erlösungswerk nach dem österlichen Sieg des Herrn nicht mehr das gleiche ist. Durch seinen Tod und seine Auferstehung sind wir in eine neue Welt eingetreten, haben wir Anteil an der Macht des Heiligen Geistes, der kraft der Taufgnade in uns wirkt. Und allein der Heilige Geist kann in der Tiefe in uns eindringen, um aus uns wahre Christen zu machen und uns zu befähigen, mit dem hl. Paulus zu sprechen: „Ich lebe, aber nicht mehr ich, Christus lebt in mir" (Gal 2,20). Der gleiche hl. Paulus wird sich als Sünder bekennen und sagen, daß die Ursache davon „die Sünde ist, die in mir wohnt" (Rö 7,17). Er wird aber niemals sagen, daß der Teufel in ihm wohne. Für Paulus ist die Sünde wesentlich die Weigerung des Menschen, den Geist Gottes in ihm wirken zu lassen. Die Formulierung ist sehr klar im 1. Thessalonicherbrief (4,8): „Wer das verwirft, der verwirft also nicht Menschen, sondern Gott, der euch seinen Heiligen Geist schenkt."

Was für die Kirche im Vordergrund steht, ist die Befreiung von der Sünde, mehr als die vom Teufel. Es war schon immer die Sorge der Kirche, das zu betonen.

6. Die Kirche als Interpretin des Markustextes: „Sie werden Dämonen austreiben“

12 Noch einmal ist es Aufgabe der Kirche, die Führung zu übernehmen bei der Lektüre von zutreffenden und typischen Texten, welche das Versprechen Jesu an seine zukünftigen Jünger hinsichtlich der Mächte des Bösen angehen. Bleiben wir einmal beim Schluß des Markusevangeliums, der zwar ein Zusatz ist zum ursprünglichen Text, von der Kirche aber nicht weniger als kanonisch und inspiriert anerkannt wird und der ein apostolisches Zeugnis darstellt. Wie soll man diese Worte des Meisters lesen und verstehen, die man in gleichwertiger Form auch anderswo wiederfindet:

„Folgende Zeichen werden jene, die zum Glauben gekommen sind, begleiten: In meinem Namen werden sie Dämonen austreiben; sie werden in neuen Sprachen reden; sie werden Schlangen aufheben, und wenn sie tödliches Gift trinken, wird es ihnen nicht schaden; sie werden Kranken die Hände auflegen, und diese werden gesund werden“ (Mk 16, 17–18).

Wer wird letzten Endes sagen, wenn nicht das lebendige Lehramt der Kirche, was in diesem Text wörtlich zu nehmen und was hyperbolischer Ausdruck und Bild ist, die uns einladen zum Vertrauen auf den Herrn?

Ohne hier die Exegese dieses Textes durchführen zu wollen, möchten wir als Beispiel auf einige Überlegungen hinweisen, die uns in den Sinn kommen.

„Sie werden Dämonen austreiben“, hat unser Herr seinen zukünftiges Jüngern versprochen. Ja, ohne Zweifel, doch gibt es zahlreiche Weisen, über den Bösen zu triumphieren.

– Jesus hat selbst keine starre, stets gleiche Methode angewendet. Er hat nicht gesagt, man müsse die Dämonen anfahren, wie er es selbst manchmal – nicht immer – getan hat; noch müsse man sie nach ihren Namen fragen, noch versuchen, ihre spezifische Art festzulegen und noch weniger, darüber ein Inventar anzulegen.

– Während seines öffentlichen Wirkens hat er sehr verschieden reagiert, wenn er sich mit dem bösen Geist im Kampf befand. In der Wahl der Mittel zeigt er eine souveräne Freiheit: Bald kehrt er ihm den Rücken zu und wendet sich an den Kranken; bald verwirrt er ihn, weist auf den Betrug hin oder befiehlt die Befreiung.

– Jesus hat nicht gesagt, daß dieser Kampf ein besonderes Duell sein müßte. Er hat seinen Jüngern keine unfehlbare Formel für die Unterscheidung der Geister und auch keine zu befolgende Methode gegeben. Aber er hat das apostolische Amt gestiftet, um sie auf den Weg zu führen bis zu seiner Wiederkunft in Herrlichkeit.

– Jesus hat nicht gesagt, daß der direkte Zusammenstoß mit dem Dämon – der direkte Angriff durch Befehl oder durch Beschwörung – ein wesentlicher Teil unseres christlichen Lebens sei und es daher angebracht sei, alle in der so verstandenen „Befreiung" zu unterrichten; oder man sollte daraus eine Frömmigkeitsübung machen für den täglichen Gebrauch. Ebensowenig hat er empfohlen, die Christen zu ermutigen, „Schlangen in die Hand zu nehmen oder tödliches Gift zu trinken".

Man kann auch nützlicherweise darauf hinweisen, daß aus der Ehebrecherin kein Dämon der Unzucht ausgetrieben wurde (Jo 8), oder aus der Sünderin, von der Lukas spricht (Kap. 7), oder aus den Blutschändern von Korinth (1 Kor 5). Kein Dämon des Geizes wurde aus Zachäus, kein Dämon des Unglaubens wurde nach seinem dreimaligen Verleugnen aus Petrus ausgetrieben. Kein Dämon der Rivalität wurde aus den Korinthern ausgetrieben, die Paulus zur Ordnung rufen mußte.

Der Herr hat nicht gesagt, daß der Dämon am Ursprung jeder Sünde der Menschen sei und daß alle Fehler auf seine Anstiftung hin begangen würden. Er erzählte ein Gleichnis, das gerade nicht in diese Richtung weist. Das Gleichnis vom Sämann erwähnt neben den Fällen, wo das gute Korn stirbt, weil es vom Teufel weggenommen wurde, andere Fälle, wo das Korn abstirbt, weil es in Erdreich ohne Tiefe gefallen ist –

Gleichnis der Leichtfertigkeit und Unbeständigkeit der Menschen; oder auch, weil die Dornen – Bild der Sorgen, die von Gott abwenden – es ersticken (Mt 13,19 ff; Mk 4,15; Lk 8,12 ff).

Man bekämpft den Dämon vorbeugend und positiv durch all das, was das christliche Leben nährt und stärkt, vor allem also durch die Zuflucht zu den Sakramenten.

Und unter diesen ist die Eucharistie, als ihre einende Mitte, für uns die Quelle von Heilung und Befreiung schlechthin.

Wie die Sonne durch ihr ganzes Wesen aus Feuer und Licht die Nacht zerstreut und verjagt, so entfaltet Christus Jesus im eucharistischen Geheimnis – wenn wir es aufzunehmen verstehen – seine ganze Lebens- und Siegesmacht über den Bösen.

Kurz, um einen Text zu verstehen, muß man ihn in seinen vollen und lebendigen Zusammenhang stellen. Und die letzte Unterscheidung, die nach Geist und Buchstaben zuverlässige Auslegung steht dem lebendigen Lehramt der Kirche zu.

Zur Reflexion und zum Austausch

1. Oft hört man sagen: „Ja zu Jesus, nein zur Kirche.“ Warum ist die Verbindung „Jesus-Kirche“ unauflösbar? (Nr. 7).
2. Warum und wie ist die Heilige Schrift „in der Kirche“ zu lesen und nicht nach privater Auslegung und unter Vernachlässigung der gegenseitigen Ergänzung der Texte? (Nr. 8, Nr. 10, Nr. 11).
3. Wo sind die verschiedenen Ausdrucksformen des kirchlichen Glaubens zu finden? (Nr. 9).
4. Untersuchen wir die Erklärung des Herrenwortes: „Sie werden Dämonen austreiben.“ Was heißt den Dämon vorbeugend und positiv bekämpfen? (Nr. 12).

Bitten wir mit dem Gebet der Kirche um die Gnade, uns in der Auslegung des Gotteswortes nicht als Einzelgänger zu verirren:

Herr, unser Gott, behüte Deine Kirche und verlaß sie nicht.
Und da der Mensch sich ohne Dich verirrt, sei Du ihm Halt,
damit er sich abwende vom Bösen und hinwende zum Heil.

Nach dem Tagesgebet vom Dienstag der zweiten Fastenwoche

III. Kapitel

DIE KIRCHE UND DAS „BEFREIENDE" SAKRAMENTALE LEBEN

A. IM ALLGEMEINEN

1. Fortwährende Gegenwart Jesu Christi

13 Zwar wirkt Christus auf geheimnisvolle Weise durch die Kraft seines stets lebendigen und aktuellen Wortes fort; anderseits sind es aber auch die Sakramente, durch die er zu uns kommt und machtvoll wirkt.

Jedes Sakrament ist ein Wort Christi, das im Handeln der Kirche zu seinem höchsten Wirkungsgrad erhoben wird. Diese Gegenwart Jesu Christi ist das eigentliche Herz des „Mysteriums der Kirche". Genau an diesem Punkt unseres Glaubens gehen die Wege auseinander: entweder betrachtet man die Kirche mit den Augen des Soziologen oder des Historikers und reiht sie ein unter „die Institutionen" rein menschlicher Art, oder man betrachtet sie mit den Augen des Glaubens, durch ihre menschlichen, stets unzulänglichen Erscheinungsformen hindurch, um in ihr Christus zu sehen, der fortwirkt im Dienst der Menschen.

Das Zweite Vatikanische Konzil widmete das erste, grundlegende Kapitel der Kirchenkonstitution „Lumen Gentium" der Darstellung der „Kirche als Geheimnis Gottes". Dieses Eingangskapitel, Grundlage von allem, ist bei den Christen fast unbekannt geblieben, ein Fehler unsererseits in der Verkündigung. Will man die Christen „christianisieren", muß man ihnen helfen, daß sie die wirkende Gegenwart Jesu in der Kirche und die sakramentale Kraft, die in Ihm ihren Ursprung hat, neu entdecken.

Wie Jesus das Sakrament des Vaters ist – das uns in dessen Inneres eindringen läßt und es offenbart –, so konnte die Kirche auf ihrer Ebene und in analoger Weise vom Konzil „allumfassendes Heilssakrament“ genannt werden (LG 48,2) oder auch „Sakrament in Christus, das heißt Zeichen und Werkzeug für die innigste Vereinigung mit Gott wie für die Einheit der ganzen Menschheit“ (LG 1).

Darin liegt die Grundwahrheit ihres Wesens, ihre Identität, welche ihr Wirken bedingt. Die Kirche ist von Jesus Christus gewollt, damit sie zwar nicht mehr seine historische Gegenwart fortsetze, wohl aber seine spirituelle Gegenwart als die des auferstandenen Herrn. Er hat mit seiner Gegenwart nicht nur die wenigen dreiunddreißig Jahre seines Erdenlebens erfüllt. Sein Wirken übersteigt die Jahrhunderte und wird andauern bis ans Ende der Zeiten. Sein Wort und die Sakramente sind es, durch die und in denen Jesus nunmehr unter uns wirkt.

Die Kirchenväter haben geradezu gewetteifert, immer wieder zu betonen: Nicht der Priester tauft, konsekriert, vergibt und heilt, sondern Christus im priesterlichen Dienst und durch ihn.

Im sakramentalen Geschehen ist das Handeln Christi verborgen, der durch seinen Geist wirkt. Unseren Kontakt mit dem sakramentalen Dienst der Kirche vernachlässigen oder verringern, hieße uns der ursprünglichen und normalen Lebensquellen berauben.

2. *Befreiende Gegenwart*

14 Wer „Quelle des Lebens“ sagt, der sagt entsprechend auch „Quelle der Heilung“ gegenüber allem, was das göttliche Leben in uns gefährdet; „Quelle der Befreiung“ von den Angriffen der Sünde und von jedwelchem Bösen; bevorzugte „Quelle der Rettung“ vom bösen Feind. Durch ihr sakra-

mentales Wirken ist die Kirche in ihrem tiefsten Wesen Mysterium des Heils.

Jedes Sakrament wird uns gespendet, damit Jesus sein Werk in uns vollenden könne, damit er uns die Früchte seines Erlösungsleidens zuwenden und jene neue Menschheit schaffen könne, die er seinem Vater darbringen will und die er sich bereits erkauft hat um den Preis seines Blutes.

Man müßte jedes Sakrament der Kirche einzeln untersuchen, um die Lebenskraft, die ein Sakrament in sich birgt, und auch die ihm eigene Gnade der Immunisierung und der Heilung gegenüber dem bösen Feind und seinem Wirken freizulegen.

Hier sind wir im Herzen der Kirche, dem Sakrament des Heils und der Befreiung. Hier begegnen wir der heilenden Gnade, wenn auch nicht ausschließlich, so doch vorrangig und in der größten Tiefe ihrer Wirkung und Ausstrahlung. Man kann nie genug die Bedeutung der Sakramente betonen, in denen das belebende und reinigende Handeln Gottes begonnen und angenommen wird.

3. Kein automatisches Wirken

15 Wenn die Sakramente auch wirken durch die in ihnen wohnende Kraft – ex opere operato –, so schließt das keinen Automatismus in sich. Man kann auch sündigen durch überzogenen Sakramentalismus, indem man nämlich die Bedingungen der Vorbereitung für den rechten Empfang wie auch die Anforderungen an das Leben, die daraus erwachsen, vernachlässigt oder geringschätzt.

Wir gewöhnen uns zu leicht an die Gnadenmittel, die in unserer Reichweite liegen. Die Versuchung zu Bequemlichkeit und Formalismus lauert auf uns. Wir müssen die Umstände, unter denen das sakramentale Leben im Alltag gelebt wird, fortwährend überprüfen.

In dieser Hinsicht haben wir regelmäßig unser Gewissen neu zu erforschen. Auf die Frage, warum sich junge Menschen so häufig von der Kirche abwenden, kann man mit einer Reihe von Gründen antworten, die außerhalb von uns liegen und vom moralischen Zerfall und der Entchristlichung der Umwelt verschuldet sind. Diese Gründe bestehen tatsächlich. Es gibt aber auch innere Gründe, die von uns selbst herrühren, insbesondere von der Weise, wie wir die Eucharistie und unsere Sakramente leben. Da steckt noch sehr oft Routine drin. Zu viel totes Holz verhindert das Blühen der Bäume.

Die liturgische Erneuerung ist noch unvollendet: sie zielt über die Zulassung der lebenden Sprache oder einiger Neuerungen im Detail weit hinaus. Wir müssen noch in der Tiefe den Sinn für die Anbetung und das Dankgebet erneuern, für das Gebet um Vergebung und für die brüderliche Gemeinschaft.

Warum holen zahlreiche junge Menschen ihre geistliche Nahrung anderswo, bei Sekten oder in der Esoterik? Ist das nicht ein Mahnruf, daß sich das sakramentale Leben mit dem Alltagsleben verbinde?

Die charismatische Erneuerung scheint mir auch auf dieser Ebene eine Gnade der Wiederbelebung zu sein, die wir nicht vorbeigehen lassen dürfen.

Zum Thema Befreiung, das uns hier beschäftigt, wäre es gut, die im Herzen eines jeden Sakramentes angebotene befreiende Gnade herauszuarbeiten und hervorzuheben. Auch wäre zu zeigen, wie sehr der Kampf gegen den Bösen und seinen Einfluß zum Wesen des sakramentalen Lebens der Kirche gehört.

Wir beschränken uns darauf, von den Sakramenten nur die diesbezügliche Funktion der Taufe, der Eucharistie und der Beichte kurz zu untersuchen.

B. IM BESONDEREN

1. Die Taufe

16 Die Taufe läßt uns in radikaler Weise teilnehmen an Tod und Auferstehung des Erlösers. Sie ist Sakrament der Befreiung und Erlösung schlechthin. Sie schließt ganz ausdrücklich die Absage an Satan und seine Werke mit ein. Das bedeutet, nebenbei erwähnt, aber nicht, daß eine teuflische Besessenheit vorausgesetzt werde, sondern besagt, daß der Christ, der geboren wird, den Sieg Christi über den Bösen schon zu seinem eigenen Sieg machen wird.

Die Kirche drückt das im Rituale der Kindertaufe so aus:

„Herr, allmächtiger Gott, du hast deinen eingeborenen Sohn gesandt und durch ihn den Menschen, die in der Sünde gefangen waren, die Freiheit der Kinder Gottes geschenkt. Wir bitten dich für diese Kinder. Du weißt, daß sie in dieser Welt der Verführung ausgesetzt sein werden und gegen die Nachstellungen des Teufels kämpfen müssen. Entreiße sie, durch die Kraft des Leidens und der Auferstehung deines Sohnes, der Macht der Finsternis. Stärke sie mit deiner Gnade und behüte sie allezeit auf dem Weg ihres Lebens."

Im Rituale der stufenweisen Hinführung zur Erwachsenentaufe lautet das für den Exorzismus vorgesehene Gebet so:

„Durch deinen Geist der Wahrheit befreie alle, die mit dem Satan im Kampfe liegen, von dem die Lüge stammt."

Schauen wir uns kurz die Liturgie der Osternacht an, an jener Stelle, wo man zur Erneuerung des Taufversprechens schreitet.

Der Priester stellt an die Gemeinde eine Frage, die zur Übernahme einer Verpflichtung auffordert: „Widersagt ihr dem Satan – und all seiner Bosheit – und all seinen Verlockungen?" Die Antwort auf eine solche Aufforderung ist nicht ohne Konsequenzen. Sie hat aber nur dann ihren vollen Sinn, wenn Satan als eine Wirklichkeit und das christliche Leben als ein geistlicher Kampf gegen die Mächte des Bösen aufgefaßt wird.

Das gläubige Volk antwortet mit „Ja". Wurde es in der üblichen Verkündigung aber auch hinreichend darüber unterrichtet, was das alles in sich schließt? Haben wir ihm in unserer Predigt gesagt, daß das Ostergeheimnis selbst der Sieg ist über Satan, Sünde und Tod? Ich fürchte, wir haben es nicht getan, und ich klage mich dessen als erster an. Unsere landläufige Katechese bereitet das christliche Volk kaum vor, daß es den Ernst dieser Fragen und Antworten und ihre Konsequenzen erfaßt.

Die nächste römische Synode wird sich mit Fragen der Versöhnung und Buße befassen. Sie könnte, scheint mir, zum großen Nutzen auch prüfen, wie dieser Dialog in der Osternachtsfeier besser vorbereitet, besser verstanden, besser gelebt werden könnte. Die Liturgie kann nur gewinnen, wenn sie konkret und realistisch wird.

2. *Die Eucharistie*

17 Die Eucharistie, „Höhepunkt des ganzen christlichen Lebens" (Vaticanum II), Quelle, aus der alles hervorfließt und zu der alle Sakramente hinstreben, auch sie ist in hohem Maße Teilnahme am Ostergeheimnis von Tod und Auferstehung. Sie ist hineingesenkt in das Erlösungsopfer und von daher selber Quelle von neuem Leben, von Heilung an Seele und Leib, ist Sakrament der Befreiung.

Bevor der Priester kommuniziert, richtet er dieses Gebet an den Herrn: „Befreie mich durch deinen Leib und dein Blut von all meinen Sünden und allem Bösen." Dieses Böse umfaßt alle lebendigen Kräfte des bösen Feindes. Die Eucharistie ist deren Gegenmittel. Sie ist das „Heilmittel zur Unsterblichkeit", Unterpfand unserer künftigen Auferstehung, die eigentliche Kommunion mit unserem Befreier.

In der Eucharistie feiern wir die Macht Jesu als des Siegers über alle Kräfte des Bösen. In ihm ist unser Pascha, unser Übergang vom Tod zum Leben, schon vollzogen.

Die Eucharistie ist eine österliche Feier, bei welcher der Schwerpunkt auf dem Siege liegt, den der Erlöser durch seinen Tod errungen hat, und in welcher wir „durch Ihn und mit Ihm und in Ihm" den Vater anbeten, in der Freude, uns erlöst und befreit zu wissen, auch wenn wir das letzte Ziel noch nicht erreicht haben. Das lebendige Bewußtsein des eucharistischen Geheimnisses verträgt sich nicht mit einer pessimistischen Sicht von Schöpfung und Welt. Es verträgt sich auch nicht mit der Behauptung, der Mensch sei innerlich ganz verdorben, wie das bekanntlich in der Tradition des Protestantismus so stark betont wurde. Im dritten Teil werden wir auf die Eucharistie als Sieg über die Mächte des Bösen zurückkommen.

3. Das Bußsakrament

18 Das Sakrament der Buße oder der Versöhnung ist nicht ein Sakrament, in dem nur verziehen wird. Es tilgt nicht nur die Sünde, sondern ist auch Gnade und Widerstandskraft für den zukünftigen Kampf. Es macht uns frei von der Sünde, die den Kräften des Bösen Einlaß gewährt.

Das Sakrament der Buße, das der Herr seinen Aposteln anvertraut hat, ist ein Sakrament der Heilung, von ihm gestiftet, um uns sein Erbarmen und seine Liebe erfahren zu lassen. Es ist ein vorzügliches Mittel, um die Sünde und die Hörigkeit an sie zu besiegen. In der geforderten Disposition empfangen, bewirkt es die Umkehr des Sünders und seine innere Befreiung. Die Beichte ist ein hervorragender Dienst der Befreiung.

All das gehört für den Gläubigen der Kirche zum Grundwissen. Uns ist aufgetragen, alle Wirkkräfte dieses Sakramentes aufzuwerten, und die Erfahrung der Christen könnte eine sehr nützliche Hilfe sein, der Beichte mehr Wirklichkeitsbezug und größere Nachwirkung im Leben zu verleihen. Ein Dialog zwischen der lehrenden und der belehrten Kirche über dieses Problem wäre gewiß bereichernd und wohltuend. Denn wir müssen ständig darauf bedacht sein, die Sakramente in das Leben hereinzunehmen und sie nicht an den Rand zu schieben. Es ist begreiflich, daß jene Kirchen, die keine sakramentalen Hilfen zur Befreiung kennen wie etwa die Freikirchen, der Befreiungspraxis eine Eigenständigkeit und Ausdehnung gegeben haben, die Zurückhaltung erheischen. Wir hingegen haben unsere Sakramentenpastoral zu bereichern und zu beleben, besonders in bezug auf das Sakrament der Versöhnung. Auch hier könnte die nächste Synode ein Werkzeug der Gnade sein.

4. *Die Krankensalbung*

Hier wäre auch vom Sakrament der Krankensalbung zu sprechen, dem Sakrament der Heilung, wenn nicht der körperlichen, so doch der seelischen. Als Sakrament der Heilung besitzt es Wirkkräfte, die zu unserem Thema gehören. Wir hoffen, eines Tages darauf zurückzukommen in einem weiteren „Dokument von Mecheln", das, so Gott will, dem Charisma und dem Dienst der Heilung gewidmet sein wird.

C. *DIE SAKRAMENTALIEN*

19 Als Ausweitung der Sakramente anerkennt die Kirche den Gebrauch von Sakramentalien, freilich unter der Bedingung, daß man sich hüte vor jeder mißbräuchlichen Anwendung und Auslegung.

Das II. Vaticanum hat in seiner liturgischen Konstitution an die Rechtmäßigkeit des Gebrauches der Sakramentalien erinnert, wobei es freilich zu deren zeitgemäßer Anpassung aufrief.

Hier die Stelle, die darauf anspielt:

„Außerdem hat die heilige Mutter Kirche Sakramentalien eingesetzt. Diese sind heilige Zeichen, durch die in einer gewissen Nachahmung der Sakramente Wirkungen, besonders geistlicher Art, bezeichnet und kraft der Fürbitte der Kirche erlangt werden. Durch diese Zeichen werden die Menschen bereitet, die eigentliche Wirkung der Sakramente aufzunehmen; zugleich wird durch solche Zeichen das Leben in seinen verschiedenen Gegebenheiten geheiligt" (Liturgie-Konstitution Nr. 60).

Das Konzil fährt fort, indem es in diesem Zusammenhang den seelsorglichen Wert der Liturgie und ihre Beziehung zum Ostergeheimnis betont:

„Die Wirkung der Liturgie, der Sakramente und Sakramentalien ist also diese: Wenn die Gläubigen recht bereitet sind, wird ihnen nahezu jedes Ereignis ihres Lebens geheiligt durch die göttliche Gnade, die ausströmt vom Pascha-Mysterium des Leidens, des Todes und der Auferstehung Christi, aus dem alle Sakramente und Sakramentalien ihre Kraft ableiten. Auch bewirken sie, daß es kaum einen rechten Gebrauch der materiellen Dinge gibt, der nicht auf das Ziel ausgerichtet werden kann, den Menschen zu heiligen und Gott zu loben" (ebd. Nr. 61).

Die Kirche erkennt den Sakramentalien also einen legitimen Platz zu, einen gewiß untergeordneten und relativen, doch realen Platz.

In der Logik der Menschwerdung des Sohnes Gottes, der unsere menschliche Natur angenommen hat, ist es nur normal, daß sein heiligendes und befreiendes Wirken sich fortsetzt nicht nur durch das Sakrament, sondern auch durch bescheidene menschliche Symbole, die durch das fürbittende Gebet der Kirche geweiht werden.

Kreuzzeichen, Weihwasser, geweihtes Öl, gesegnete Zweige und andere Bräuche, das sind keine magischen Riten. Sich all dessen zu bedienen, im Geist des Glaubens, als symbolisches Gebet um Befreiung, auch das gehört zum geistlichen Erbgut, das die Kirche anerkennt.

Insbesondere das Kreuzzeichen ist Ausdruck unseres Glaubens an den dreifaltigen Gott und zugleich Schutz gegen die Mächte des Bösen, entsprechend den Empfehlungen des hl. Paulus:

„Zieht an die Waffenrüstung Gottes, damit ihr den listigen Anschlägen des Teufels widerstehen könnt... Vor allem greift zum Schild des Glaubens, mit dem ihr alle feurigen Geschosse des Bösen löschen könnt" (Eph 6, 11 und 16).

Zur Reflexion und zum Austausch

1. Die historische Gegenwart Jesu setzt sich heute fort in seiner sakramentalen Gegenwart. Aufzeigen, wie Christus inmitten der Sakramente am Werke ist (Nr. 13).
2. Wie können wir vermeiden, von den Sakramenten ohne die nötige Vorbereitung automatisch Gebrauch zu machen? (Nr. 15).
3. Wie kann die Erneuerung zur Aufwertung des sakramentalen Lebens beitragen? (Nr. 16–19).
4. Wie kann die Rolle und der Platz der Eucharistie, insofern sie vom Bösen befreit, herausgestellt werden? (Nr. 17; siehe auch Nr. 66–67).

Flehen wir den Herrn an mit einem Gebet der Kirche, daß er uns an die Quelle aller Befreiung führe:

Die Teilnahme an deinem Sakrament, o Herr, sei unsere Befreiung und unsere Verwurzelung in deiner Wahrheit.

IV. KAPITEL

DIE KIRCHE GEGENÜBER DEM „GEHEIMNIS DER BOSHEIT“

1. Die Sünde, der eigentliche Feind

20 In den Veröffentlichungen über Fragen des Dämonischen wird die Aufmerksamkeit meist auf wirkliche oder vermeintliche Fälle von teuflischer Besessenheit hingelenkt. Die Massenmedien haben diese Tendenz ihrerseits stark gefördert.

Wir müssen uns der verzerrten Sicht, die so geschaffen wurde, bewußt sein und dürfen nicht in den Fehler verfallen, das, was selten und Ausnahme ist, überzubewerten.

Was uns zu „Sklaven“ der Mächte des Bösen macht, ist in der Regel nicht die „diabolische Besessenheit“. Die Theologen sind sich einig in der Aussage, daß der Teufel nicht in das Geheimnis der Gewissen eindringen kann, wenn man sie ihm nicht willentlich ausliefert. Es ist die Sünde und ihre Einwirkung, die uns zu Sklaven macht und die den verderbten Einflüssen erlaubt, ihre Schädlichkeit zu vermehren, wie ein Wind, der in ein unvorsichtig angezündetes Feuer hineinbläst. Die furchtbarste Waffe, über die der Teufel verfügt, ist nicht die Besessenheit, sondern die Sünde als solche.

Sein Einfluß ist dort gegenwärtig, wo die Sünde herrscht. Und diese hat in einem selten erlebten Ausmaß unsere haltlos gewordene und an so viel moralische Freizügigkeit ausgelieferte Menschheit geradezu überflutet.

Befreiung ist also wesentlich und vorrangig Befreiung von der Sünde in uns, die uns zu Sklaven macht und unsere Freiheit mindert. Diese Fessel, welche die Sünde ist, treibt im Menschen ihr Spiel auf allen Ebenen: Verstand, Wille, Aktion und Emotion. Die Skala dieser Art von Sklaverei ist sehr breit und vielgestaltig.

Darauf müssen wir vor allem die Aufmerksamkeit richten, wenn wir von Befreiung sprechen, und nicht so sehr auf Phänomene, die auch bloß psychopathologisch sein können, wie P. Jean-Claude Sagne O.P. schreibt:

„Unser Mangel an Gottvertrauen oder unsere Anhänglichkeit ans eigene Ich oder unsere hochmütige Selbstgefälligkeit schaffen einen Leerraum, und ebenda dringt der Teufel ein, um aus unserer Schwäche eine Last für das geistliche Leben zu machen, aus unseren Anhänglichkeiten geistliche Fesseln, aus unseren Regungen des Stolzes schließlich ein starres Hindernis für das Kommen des Heiligen Geistes. Es wäre viel zu sagen über das verführerische Wirken des Dämons und jener bösen Engel, die ihm dabei helfen. Was Satan vorfindet, das verhärtet er oder er löst noch mehr auf. Bereits eingezeichnete Züge werden von ihm noch verschärft. Er nützt unsere Gebrechlichkeit aus...“[9]

2. Die Begehrlichkeit

21 Man darf auch nicht vergessen, daß es in uns eine Wirklichkeit gibt, die nicht gleich ist mit der Sünde, die aber ein Element von Verwirrung ist, das wiederum nicht gleichzusetzen ist mit dem Dämonischen. Wir wollen sprechen von der Konkupiszenz.

In der Theologie versteht man unter diesem Wort im allgemeinen die Folgen, welche die Sünde in dem durch die Gnade gerechtfertigten Menschen zurückgelassen hat, das heißt Nachwirkungen, die sich in Gegenströmungen zu seinem Willen in Gestalt verschiedener Anstöße äußern. Diese Gegebenheit ist die klassische Voraussetzung für die Ausübung der Freiheit, die das moralische Handeln des gerechtfertigten Menschen zum Teil bedingt. Der hl. Paulus zögert nicht zu schreiben: „Ich tue nicht das, was ich will, sondern das, was ich hasse“ (Rö 7,15).

Diese Konkupiszenz, die das menschliche Handeln beeinflußt, darf nicht gleichgesetzt werden mit einer besonderen, direkten Einwirkung des Teufels.

3. Die Sünde aus den Strukturen

22 Was gesagt wurde in bezug auf die Ebene von Personen, gilt auch auf der Ebene der widermenschlichen Strukturen unserer Gesellschaft, seien es die wirtschaftlichen, sozialen oder politischen Strukturen, welche die Menschenrechte mißachten und unvereinbar sind mit der Menschenwürde.

Auch auf diesem Gebiet herrscht die Sünde, selbst wenn die Verantwortung des Einzelnen nur schwierig von der kollektiven Verantwortung abgelöst und herausgearbeitet werden kann.

Wir stellen uns zu leicht vor, das Handeln des Teufels sei von spektakulärer Art. In Wirklichkeit sind seine sichtbaren Eingriffe die Ausnahme. Sein Handeln, obwohl unsichtbar und kaum zu merken, ist aber deshalb nicht weniger pervers.

4. Der Mensch, der eigentlich Verantwortliche

23 Der radikale Pessimismus gegenüber der Welt, dem menschlichen Körper und der Grundfreiheit des Menschen gehört nicht zum katholischen Glauben. Selbst verwundet von der Sünde, bleibt der Mensch der eigentlich Verantwortliche für seine Taten und ist nicht das passive Spielzeug teuflischer Einflüsse, die ihn manipulieren.

Der Einfluß des Teufels wird verschiedenartig ausgeübt: Er ist der Versucher, der Verführer, der Anstifter zu schuldhaften Entscheidungen. Er täuscht und gibt das Falsche für das Wahre, das Böse für das Gute aus und „tarnt sich als Engel des Lichts“ (2 Kor 11,14).

Aber sein Einfluß ist nicht despotisch: er fordert die

Zustimmung der Angesprochenen, und so ist der Mensch im letzten immer verantwortlich für seine Sünde.

Der nachdrückliche Hinweis auf die diabolischen Einflüsse darf nicht als Entschuldigung und Alibi dienen für die menschliche Schwäche und darf das Bewußtsein unserer Verantwortung nicht schwächen oder auslöschen. Man macht es sich zu leicht, wenn man sich auf äußere Ursachen beruft, um die Freiheit unserer eigenen Entscheidung zu verdecken oder zu verwischen. Die Kirche hat sich stets all dem entgegengestellt, was die innere Stabilität des Menschen bedroht und ihn zum Spielball fremder Kräfte macht. Sie bekennt, daß Gott unser Schicksal in unsere Hände gelegt hat, indem er uns als freie und verantwortliche Wesen erschuf, und wenn die Verantwortlichkeit durch die Umstände auch vermindert werden kann, diese im Grunde doch unangetastet bleibt.

5. *Der Glaube als höchster Schutz*

24 Was den Dämon angeht, so ist ihm alles recht, den Menschen daran zu hindern, daß er Gott anhange. Seine gewöhnliche Taktik könnte so zusammengefaßt werden: Der Dämon ist darauf aus, daß der Mensch Gott nur unter einer Maske zu sehen bekommt.

Um uns zu hindern, Gott zu finden und in seinem Licht zu leben, setzt er mit Vorliebe an der Grundlage des ganzen christlichen Lebens an: am Glauben als göttlicher Tugend. Denn der Glaube bringt uns in direkte Verbindung mit Gott, und in diesen Gott allein vorbehaltenen Bezirk kann der Teufel nicht eindringen. Je mehr der Mensch aus dem Glauben lebt, desto mehr ist er für ihn unangreifbar. Der Glaube ist eine Festung, die vor seinen Angriffen schützt. Und deshalb versucht er, den Gläubigen von da herauszulokken, indem er ihm alle Spielarten des Außerordentlichen vorspiegelt. Dabei fällt es ihm leicht, Blendwerk vorzugaukeln, und so versucht er, den Gläubigen so weit zu bringen, daß er sich auf anderes stützt als auf den reinen Glauben.

Das ist die unbestreitbare Gefahr von „Visionen", „Offenbarungen", „Prophezeiungen", von denen es in unserer Welt wimmelt und vor denen die charismatische Erneuerung auf der Hut sein muß. Es besteht der Verdacht, daß es sich da meist um Früchte der Einbildung handelt. Es steht der Kirche zu, die Unterscheidung vorzunehmen, um der Gefahr des Illuminismus zu begegnen. Diese Zerrbilder des Übernatürlichen schaffen einen Bereich, der den Manövern des Geistes des Bösen besonders zugänglich ist.

Zu guter Letzt könnte man sich fragen, ob die übertriebene Art, wie das Wirken Satans in dieser Welt dargestellt wird, nicht auch eine seiner Listen sein könnte; denn damit würde den Leugnern seiner Existenz ein zusätzliches Argument für die Begründung ihrer Leugnung geliefert.

6. Das „Geheimnis der Bosheit"

25 *a) Auf der Ebene des Unsichtbaren*

Diese Welt der Finsternis ist schon ihrem Wesen nach dunkel und von unsern geistigen Kräften nicht direkt faßbar.

Ohne Zweifel macht auch das Geheimnis Gottes blind, aber aus einem andern Grund: Unsere Augen sind hienieden zu schwach, seinen Glanz zu ertragen. Wer vermag das Geheimnis der erschaffenden, erlösenden und heiligenden Liebe Gottes zu ergründen?

Das „Geheimnis der Bosheit" hingegen, von dem Paulus spricht, gehört nicht der gleichen Ordnung an: es ist undurchdringbar gerade wegen der Finsternis, die es umgibt. Man kann dort nur mit einer Fackel in der Hand eindringen.

Auf diesem Gebiet muß man mehr als anderswo die geforderte Zurückhaltung und Nüchternheit betonen, will man angemessen darüber sprechen. Hüten wir uns davor, in das Reich der Finsternis unsere menschlichen, immer nur analogen und unzulänglichen Begriffe, unsere Logik, unsere Klassifikationen einzuführen. Beim Lesen einer gewissen Literatur möchte man bei jeder Zeile einen Warnruf vor so viel Scheingewißheit ausstoßen.

Mac Nutt, einer der Autoren, der nach meinem Empfinden in der charismatischen Erneuerung übertriebene Ansichten über dämonische Einflüsse verbreitet hat, schrieb zwar zu Recht – was er aber in der Praxis allzu oft vergaß –, daß es keine dämonische Äußerung gebe, die nicht zweideutig sei und daß kein Symptom oder keine Symptomhäufung zwinge, unverkennbar auf eine wirklich dämonische Einwirkung zu schließen. Es ist ganz gewiß, daß wir uns hier im Bereich der Finsternis, im rein Irrationalen, im wesentlich Nicht-Erkennbaren befinden.[10]

26 *b) Auf der Ebene des Sichtbaren*

Dieses Geheimnis der Bosheit wirkt sich meist im Dunkeln aus; gelegentlich kommt es aber auch sichtbar zum Vorschein.

Spuren von der Überzeugung der Kirche, daß es diabolische Äußerungen gibt, finden sich in der Liturgie, in den Riten, bei den Kirchenvätern, in den Biographien der Wüstenväter, der Einsiedler, der Mönche, der Heiligen. Solche Berichte sind im Überfluß vorhanden, zwar gefärbt vom Zeitgeist und von der Naivität der Epoche, doch schon ihr ununterbrochenes Vorhandensein verdient Aufmerksamkeit.

Die Fortdauer des Phänomens diabolischer Äußerungen, echter oder falscher, wirft Fragen auf.

Man findet sie in der Tat in allen Epochen und unter verschiedenen Formen. Sie finden sich besonders im Leben von Heiligen, die ganz verschieden voneinander sind, wie bei Benedikt, Franziskus, Johannes von Gott, Vinzenz Ferrerius, Petrus von Alcantara; oder bei heiligen Frauen wie Margareta von Cortona, Angela von Foligno, Rita von Cascia, Rosa von Lima und zahlreichen andern.

Im 19. Jahrhundert, uns schon näher, ist das Leben des Pfarrers von Ars reich an Anfechtungen, die ihm wie grausame und schwere „Heimsuchungen" vorkamen. Die Biographen des Heiligen sprechen von ungewohnten und beunruhigenden Geräuschen, die ihn am Schlaf hinderten, von Schikanen und Drohungen, von gemeinen Beschimpfungen, Ohrfeigen und Verunglimpfungen jeder Art.

All das wird dem Geist der Finsternis zugeschrieben.

Für das 20. Jahrhundert wollen wir als Beispiel nur an das Leben eines Pater Pio erinnern, eines berühmten Mannes, der die Wundmale hatte. Er starb 1968, und sein Seligsprechungsprozeß ist eingeleitet. Bei ihm finden sich zahlreiche Hinweise auf dämonische Angriffe: Der Dämon erscheint ihm unter schrecklichen Gestalten, quält ihn, wirft ihn aus dem Bett, und das zu wiederholten Malen.

Was soll man aus der Fortdauer dieser Phänomene schließen? Ich will im wesentlichen nur das sagen: Wir befinden uns hier im Bereich der Finsternis, wo wir mit äußerster Klugheit vorgehen müssen. So kann man der Frage nicht ausweichen: Was hat seine Ursache im psychischen Leben des Individuums, und was deutet klar auf dämonische Einflüsse hin? Wir besitzen keine sicheren und entscheidenden Kriterien. Alles, was wir sagen können, ist dies: Es ist nicht vernünftig, alle diese Phänomene summarisch als diabolische Äußerungen anzunehmen; es ist aber auch nicht vernünftig, sie summarisch als Äußerungen von Hysterie oder Halluzination zurückzuweisen. Das erste ist die Versuchung des übernatürlichen, das zweite die des rationalistischen Typus.

Zur Reflexion und zum Austausch

1. Die am meisten zu fürchtende Waffe, über die der Teufel verfügt, ist nicht die Besitzergreifung des Menschen, die Besessenheit, sondern die Sünde als solche. Wie erklärt sich das? (Nr. 20).
2. Warum muß man stark unterstreichen, daß Gott unser Schicksal in unsere Hände gelegt hat, indem er uns als freie und verantwortliche Wesen erschuf? Was sind die praktischen Konsequenzen daraus im Hinblick auf diabolische Einflüsse? (Nr. 23).
3. Der Weg im Glauben bewahrt vor der Versuchung, das Außerordentliche überzubewerten. Wie erklären wir das? (Nr. 24).
4. Das „Geheimnis der Bosheit" widersetzt sich von seinem Wesen her unseren Einordnungen. So ist es geboten, von ihm nur mit viel Zurückhaltung und Nüchternheit zu sprechen. Siehe Nr. 25 und vergleiche dann mit dem, was im VIII. Kapitel gesagt wird.

Bitten wir den Herrn um befreiende Heilung:

Barmherziger Gott,
die heilende Kraft dieses Sakramentes befreie uns von allem verkehrten Streben und führe uns auf den rechten Weg.

Schlußgebet vom 10. Sonntag im Jahreskreis

V. Kapitel

DIE KIRCHE VON HEUTE GEGENÜBER DER SÜNDE

1. Die Sünde im Herzen der Welt

27 Der Begriff der Sünde als Widerstand gegen den göttlichen Willen und Bruch der Verbindung zu Gott als dem Schöpfer und als dem Vater der Menschen ist in unserer heutigen Welt im Schwinden begriffen.

Ein amerikanischer Autor hat ein wichtiges Buch veröffentlicht unter dem bezeichnenden Titel: ,,Whatever became of sin?"[11], was sich übersetzen läßt mit: ,,Aber was ist denn aus der Sünde geworden?"

Es ist im übrigen nicht verwunderlich, daß wir den Sinn für die Sünde im gleichen Maß verloren haben, als sich der Sinn für Gott und das Evangelium abgeschwächt hat. Die Sünde ist ein Abgrund, den wir allein mit unserer menschlichen Vernunft nicht ausmessen können. Um hier wirklich einzudringen, müßte man zugleich die Transzendenz und die Immanenz Gottes verstehen, das, was er in sich selbst ist, und das, was er in uns ist.

Von Ozanam wird erzählt, daß ihm eines Tages von seinem Sohn Übertreibung vorgeworfen wurde, weil er sich einen großen Sünder genannt hat. Da antwortete er ihm: ,,Mein Sohn, du weißt nicht, was die Heiligkeit Gottes ist." Man muß Gott sehr nahe sein, um die trennende Distanz so zu messen.

Wir erfassen nur schlecht die Transzendenz Gottes, aber auch seine Immanenz, durch die er sich mit uns gleichsetzt, wenn wir ihm in unserem Nächsten dienen und er uns sagt: ,,Das habt ihr mit getan."

,,Wer ist denn Gott", singt der Dichter, ,,den keiner lieben kann, wenn er den Menschen nicht liebt?

Wer ist denn Gott, den man so schwer verwunden kann, wenn man den Menschen verwundet?“

Man kann sich diesem Abgrund auch von einer andern Seite her nähern, indem man auf Christus schaut, wie er auf Kalvaria stirbt als „das Lamm, das hinwegnimmt die Sünde der Welt“, als „Erlöser, der sein Leben hingibt zur Vergebung der Sünden“.

Wird die Sünde nicht in solchem Licht gesehen, verliert sie ihren Sinn, und zwar um so leichter, als die Freudschen Analysen den Menschen ent-schuldigt haben, indem sie die Sünde ins Unbewußte oder Krankhafte verdrängten.

Der moderne Mensch versteht die Sünde in ihrer religiösen Dimension nicht mehr. Für Gut und Böse ist nur noch er selbst zuständig: er ist sich selbst Gesetz und „das Maß aller Dinge“. Es genügt, einem andern nicht zu schaden, um bereits frei von jeder Bindung erklärt zu werden. Damit wird vergessen, daß der Mensch, wenn er sich auch nur im geheimen erniedrigt, die ganze Menschheit mit nach unten zieht. Es konnte gesagt werden: „Eine Seele, die sich erhebt, erhebt die Welt.“ Das ist auch umgekehrt wahr: wir sind durch eine geheimnisvolle Solidarität im Guten wie im Bösen aneinander gebunden. Es sind nicht nur die Epidemien und die radioaktiven Niederschläge, die keine Landesgrenzen kennen.

28 Angesichts der Unordnung in der Welt sind die soziologischen Untersuchungen und die Umfragen nicht in der Lage, uns deren letztes Geheimnis zu enthüllen. Im Grunde ist es nichts anderes als die Sünde der Menschen.

Denn letzten Endes ist es die Sünde, die am Anfang aller sozialen Übel und Mißbräuche steht, die immer neu wuchern in allen Breiten und unter allen Regimen. Die Sünde ist nicht nur Unordnung im Hinblick auf Gott, sie ist von Natur aus nihilistisch und antisozial. Der Mensch, der sündigt – wenn auch nur im verborgenen –, der erschüttert, wie gesagt, die Gesellschaft, in der er lebt, weil er den Menschen erniedrigt und entmenschlicht.

Die Pastoralkonstitution „Gaudium et Spes" hat deutlich auf diesen Zusammenhang hingewiesen. Dort wird gesagt:

„Ganz sicher stammen die so häufig in der gesellschaftlichen Ordnung vorkommenden Störungen zum Teil aus der Spannung in den wirtschaftlichen, politischen und gesellschaftlichen Gebilden selbst. Doch ihre tieferen Wurzeln sind Stolz und Egoismus der Menschen, die auch das gesellschaftliche Milieu verderben" (Nr. 25).

Überdies verstärkt jede Sünde den Einfluß Satans auf die Welt. Der „Fürst der Lüge" findet darin den Spalt, der ihm einzudringen erlaubt, um die Konflikte der Menschen zu verschlimmern, sie unentwirrbar gegeneinander aufzubauen und um den Nährboden für Kriege zu schaffen, die immer mörderisch sind; denn er ist nach dem Wort der Bibel „der Menschenmörder von Anfang an". Die Sünde ist im Herzen des Dramas der Menschen, ob sie es wissen oder nicht, ob sie es bestreiten oder bekennen.

2. Der gegenwärtige moralische Zerfall

29 Bevor wir den gegenwärtigen, vor unseren Augen sich abspielenden moralischen Zerfall beschreiben, ist es angemessen, doch auch die wirklichen Fortschritte des menschlichen Gewissens auf zahlreichen karitativen oder sozialen Gebieten anzuerkennen. Wir stellen besonders eine Verfeinerung des Gewissens und des Empfindens für menschliche Solidarität fest, spürbar auf Weltebene im weiten Bereich der Menschenrechte, auch wenn diese Rechte in Wirklichkeit auf zynische Weise mit Füßen getreten werden, jeden Tag in zahlreichen Ländern.

Aber gerade unter dem Schutz der Menschenrechte wurde es möglich, daß wir leider einem moralischen Zerfall ohnegleichen in lebenswichtigen Bereichen erleben. Dabei werden die Grundlagen jedes sozialen Lebens erschüttert.

Ist die Bindung einmal abgeschafft, welche das Gute und

das Böse unter Hinweis auf Gott und das Evangelium bestimmte, dann wird der Mensch das höchste Kriterium für gut und böse.

Die Früchte dieses reinen Relativismus werden, nachdem alle Dämme gebrochen sind, besonders in all dem spürbar, was die Achtung vor dem menschlichen Leben und die Achtung vor der wahren Liebe betrifft. Bleiben wir einen Augenblick bei diesen neuralgischen Punkten.

a) Die Achtung vor dem werdenden menschlichen Leben

Durch den Mehrheitsentscheid, daß die direkte Abtreibung künftig gesetzlich erlaubt und von der Sozialversicherung zu tragen ist, hat man die Finger in einen Mechanismus hineingebracht, der zu den schlimmsten Konsequenzen führen muß. Wird das menschliche Leben an seinem Beginn einmal dem Belieben des einzelnen preisgegeben, dann gibt es keinerlei logischen Grund mehr, daß die Gesellschaft künftig das Lebensrecht der Behinderten, unheilbar Kranken und „nutzlosen" Alten respektiere. Eine geschickte und fortdauernde Kampagne der Massenmedien, welche die öffentliche Meinung manipuliert, genügt dann, um morgen das ganze moralische Erbe wegzufegen, das uns das Evangelium hinterlassen hat und das die Grundlage unserer Zivilisation ist. Wir haben die Pflicht, gegen Wind und Wellen jene Verwirrung anzuprangern, die unaufhörlich gestiftet wird zwischen dem Recht, das eigene Leben in die Hände zu nehmen, und dem Recht, das Leben des andern in die Hände zu nehmen.

b) Die Achtung vor der Liebe

30 Auf diese Weise bereits an der Quelle angegriffen, wird die Familie nun auch noch erschüttert durch das „Recht auf freie Liebe", das zu einer anderen Hauptforderung geworden ist. Hier wurzelt das Anwachsen der Scheidungen. In gewissen

Ländern ist bei zwei oder drei Ehen eine schon Opfer der Scheidung. Auch hier werden die Folgen sturzbachartig spürbar, ob es sich um Jugendkriminalität handelt – sehr häufig die Frucht des zerrütteten Elternhauses –, um Drogen oder um Gewaltanwendung usw.

Unter dem Deckmantel des Wortes „Liebe" spielt sich vor unsern Augen eine grenzenlose Mystifizierung ab. In meinem Buch „Liebe und Selbstbeherrschung" von 1960 habe ich geschrieben: „Das Wort Liebe ist für den heutigen Christen eine verlorene Schlacht, die wieder neu gewonnen werden muß."

„In der landläufigen Literatur, in der Sprache des Films, des Radios, der Television, der Öffentlichkeit ist tatsächlich kein Wort noch mehr geschändet. Die Zeitungen und Illustrierten sind voll davon: man beschreibt uns bis in Einzelheiten die Verliebtheiten und die Verbrechen aus ‚Liebe'. An allen Stunden des Tages und auf allen Wellen singt das Radio von der ‚Liebe'. Das Kino bringt ‚Liebes'-Szenen von der Länge eines Filmstreifens. Das Theater widmet ihr einen guten Teil seiner Aufführungen, und die Öffentlichkeit fühlt sich verpflichtet, ihr Gesicht zu erneuern. – Die ‚Liebe' wird als eine höhere Entschuldigung dargestellt, die alles für unschuldig erklärt. Wenn ein Mann sich leidenschaftlich in eine Frau verliebt, die nicht die seine ist, nimmt er seine Freiheit im Namen der ‚Liebe' in Anspruch. Sie ist ein Schleier, der über die ärgsten Verbrechen gebreitet wird. In Wirklichkeit läßt ihn nicht die Liebe handeln, sondern die physische Leidenschaft verblendet ihn. Die Liebe ist ein Alibi, welches den zynischsten Egoismus, die Haltlosigkeit, den Ehebruch und die Unzucht bemäntelt."[12]

Dieser moralische Zerfall hat inzwischen weitere Verwüstungen angerichtet. Kürzlich hat P. Gérard Defois, Sekretär der französischen Bischofskonferenz, folgendes geschrieben, was wir unsererseits nur unterschreiben können:

„Die Liebe is reduziert auf eine flüchtige Leidenschaft, die Sexualität ist reduziert auf einen banalen Augenblickskonsum, die Familie ist reduziert auf eine vorübergehende Abmachung: das ist der Mensch, verkleinert auf die fatalen Grenzen einer Gesellschaft der Angst... Unsere Auseinandersetzungen um die Empfängnisverhütung, die Abtreibung, die Ehescheidung, kurz um das Leben, sind ebenso wichtig wie unsere Debatten über Rüstung oder Folter; besser gesagt, es ist der gleiche Kampf, um der Familie und unserem nationalen oder internationalen Zusammenleben, gegen Wind und Wellen, die Qualität des Humanen zu erhalten."

3. Im Bewußtsein der Christen schwindet der Sinn für die Sünde

31 Im Bewußtsein einer gewissen Zahl von Christen spielt sich gegenwärtig ein eigentümliches Drama ab: Der Begriff der Sünde selbst ist in einem gefährlichen Schwinden begriffen.

Freilich, unsere Eucharistiefeiern werden weiter eröffnet mit dem *Confiteor*, und man schlägt sich dabei nach dem Ritus an die Brust.

Freilich bitten wir Gott im Vaterunser auch weiterhin: „Vergib uns unsere Schuld... und erlöse uns von dem Bösen", und im „Gegrüßet seist du, Maria" hat man das „Bitte für uns Sünder" nicht abgeschafft.

Aber dürften wir in Wahrheit sagen, wir kämen zu Gott „mit reumütigem Herzen und mit demütigem Sinn", wie wir das mit den Lippen bekennen?

Wir müssen uns ehrlich die Frage stellen: wie steht es mit uns in bezug auf die spezifisch christliche Moral? Ich füge die Präzisierung „spezifisch christlich" eigens hinzu; denn ich weiß, daß sogar dies in unseren Reihen umstritten ist und daß einige die These zu vertreten suchen, dieses Spezifikum existiere überhaupt nicht.

Wir haben das Gewissen der Nichtchristen nicht zu erforschen: das unsrige genügt.

Man atmet die Luft der Umgebung nicht ungestraft ein, um

so mehr nicht, als die Miasmen durch alle Kanäle der Massenmedien eindringen, jener neuen Regulatoren des Gewissens der Menschen. Beschränken wir uns allein auf den Bereich der Familie, der als Test dienen kann.

Auf welche Wellenlänge ist unser Empfang diesbezüglich eingestellt? Woher nehmen wir die Maßstäbe für unsere Bewertungen und Informationsquellen? Wollen wir an der Lehre vorbeigehen, die uns die Kirche heute übermittelt in dem Apostolischen Schreiben *Familiaris Consortio*, das Johannes Paul II. kürzlich veröffentlicht hat? Oder werden wir im Gegenteil sie annehmen und als wesentliches und vitales Element in unser Verhalten einbauen? Es besteht Anlaß, sich um die Aufnahme des Schreibens Sorge zu machen.

Ob es sich um voreheliche sexuelle Beziehungen handelt, um empfängnisverhütende Informationen für alle Zwecke, um Abtreibung auf Bestellung, um sexuelle Abirrungen, um lesbische Neigungen oder Homosexualität, um Kohabitation von Jugendlichen oder um Ehe auf Probe – in zwei oder drei Etappen: schon die Vorstellung, daß alle diese Verhaltensweisen nicht in das Belieben der Menschen gestellt sind, daß es ein göttliches Gesetz gibt, ein Wort Gottes, das vom lebendigen Lehramt ausgelegt wird, all das scheint dem Bewußtsein vieler Christen fremd geworden zu sein, die mehr besorgt sind um Modernisierung als um Treue zur kirchlichen Lehre.

Während ich das niederschreibe, fällt mir zufällig eine Zeitschrift in die Hände, herausgegeben „von und für Christen von heute". Darin kann man folgende erstaunlichen Zeilen lesen:

„Wäre es nicht möglich, besonders im religiösen Bereich, die Ehepastoral neu zu überdenken, indem (wie das bereits geschieht) den Phasen Rechnung getragen wird, welche heute der überlegte Aufbau einer Liebe bisweilen durchläuft? Zusammenleben mit fester Absicht, diesbezügliche Erklärung vor der christlichen Gemeinde, welche sie entgegennimmt. Schließlich Gründung einer Familie, wenn Nachwuchs beschlossen ist: dieser fordert entschlossenen Willen zu Stabilität und Dauer. Das würde die Ehe, die endgültige Bindung schon am Anfang, bei denen, die dazu entschlossen wären, keineswegs verhindern."

Man kann sich fragen, wohin eine derart auf den Tagesgeschmack eingestellte „Pastoral" führen würde. Was wird in all dem aus dem Evangelium und dem sakramentalen Charakter der Ehe unter Getauften?

Diese Schwächung des Sinnes für das Christliche, was Liebe und Ehe angeht – über die treibende Absicht urteile ich nicht –, wiegt um so schwerer, als „die Liebe allein die Welt auferbaut" und „die Zukunft der Menschheit über die Familie geht", um Ausdrücke von Johannes Paul II. zu gebrauchen.

Wenn wir, durch Ansteckung verführt, weiterhin unsere Moral dem Lebensgefühl von heute nachkopieren – in Erwartung des Lebensgefühls von morgen, das ganz andere, noch mehr zersetzende Überraschungen bereithalten könnte –, sind wir drauf und dran, unsere Identität zu verlieren. Hier hat unser Rückzug seinen Platz. Erkennen wir es doch: Wenn man in der „christlichen" Welt von heute kaum mehr den Teufel austreibt, so ist man statt dessen dabei, weithin die Sünde auszutreiben.

4. Ein Alarmruf

32 In all dem scheint mir am schlimmsten, daß die Christen offenbar resigniert und ohne Reaktion zulassen, daß dieses moralische Abtriften weitergeht, ohne dabei anders zu protestieren als durch einige Seufzer der Resignation vor dem Unausweichlichen. Der Defätismus ist mit unserem Auftrag als Christen in der Welt und für die Welt nicht vereinbar. Jesus sagte zu den Seinen, er lasse sie in der Welt, sie dürften aber nicht von der Welt sein. Sich abfinden mit dem Bösen

oder resignieren ist geradezu die Negation unserer christlichen Identität.

Agieren und reagieren, das sind Gebote, die von brennender Aktualität bleiben. Wir haben das Beten umzusetzen in Handeln und müssen dem Herrn dienen auf eigene Risiken und Gefahren. Besser als von Dämonen zu sprechen, wäre mehr von der Sünde zu reden und ihre Verheerungen aufzuzeigen.

Unsere „Allelujas" werden nur gültig sein, wenn wir am Ende eines Treffens im Gebetskreis mit Mut und Phantasie gemeinsam danach suchen, wie wir den Forderungen des Evangeliums mitten in der Welt konkret Gehör verschaffen können. Das setzt eine Strategie der konkreten Wege und Mittel voraus, die uns als einzelnen und als Gemeinschaft erlauben, unsere spezifische Aufgabe zu erfüllen. Es gibt zahlreiche Weisen zu protestieren und auf jene einzuwirken, die das Schicksal eines Landes in Händen haben. Man kann sich jeden Tag Kenntnisse erwerben durch die Beobachtung der Arbeitsweise derer, die vor unsern Augen unser moralisches Erbe zerstören. „Fas est ab nocte doceri."[13] Der Herr sagte, daß „die Kinder dieser Welt klüger sind als die Kinder des Lichtes". Dieses Wort sollte unsere Phantasie beleben und den Mut anspornen. Wir brauchen kraftvolle Christen – nicht nur in den Ländern, wo sie sich dem Martyrium aussetzen –, sondern auch bei uns, in unserem öffentlichen Leben, wo die Freiheit noch ihre Rechte hat, aber gerade deshalb auch ihre Forderungen.

Zur Reflexion und zum Austausch

1. Welcher Zusammenhang besteht zwischen der Sünde und der politischen und sozialen Unordnung in der Welt? (Vgl. Nr. 22 und Nr. 28).
2. In welchen Bereichen ist der gegenwärtige moralische Zerfall in der Welt besonders spürbar? (Beispiele: Nr. 29, 30, 31).

3. Wie kann den Christen, die wir sind, das Bewußtsein der Sündenwirklichkeit zurückgegeben werden? – Anregung, über das Thema der Bischofssynode von 1983 „Buße und Versöhnung“ nachzudenken.
4. Wie soll man reagieren auf den Zerfall der Sitten, durch persönliche und kollektive Initiativen, auf allen Ebenen (Presse, Radio, Fernsehen) und bei den Verantwortlichen unseres öffentlichen Lebens?... Konkrete Anregungen.

Angesichts der Sünde fordert uns die Kirche auf, ohne Unterlaß zum Herrn zu flehen:

Allmächtiger Gott, die Knechtschaft der Sünde
hält uns Menschen gefangen.
Nimm dieses alte Joch von uns
und schenke uns die neue Freiheit
durch die Geburt deines Sohnes
in unserem sterblichen Fleisch.

Tagesgebet vom 6. Tag der Weihnachtsoktav

ZWEITER TEIL

CHARISMATISCHE ERNEUERUNG UND MÄCHTE DER FINSTERNIS

VI. Kapitel

DIE CHARISMATISCHE ERNEUERUNG ALS „ERFAHRUNG" DES HEILIGEN GEISTES

1. Die Bedeutung des Wortes „charismatisch"

33 Bevor ich erkläre, warum die charismatische Erneuerung dazu führte, daß man sich des Geistes des Bösen und der Sünde in der Welt klarer bewußt wurde, möchte ich kurz sagen, wie und warum die Erneuerung zu einem lebendigeren Bewußtwerden des Heiligen Geistes und seiner Gabe positiv beigetragen hat. Das Positive und das Negative entsprechen sich wie Vorder- und Rückseite derselben Medaille. – Doch zuvor sind die Begriffe zu klären.

Das Wort „charismatisch", in der Kapitelüberschrift gebraucht, wird nur ausnahmsweise wieder verwendet werden, um den Text nicht schwerfällig zu machen. Aber es muß geklärt werden. Dieser Begriff hat von Haus aus nichts Ausschließendes an sich: Die ganze Kirche ist charismatisch, und jeder Christ ist es kraft seiner Taufe. Aber nun hat der Begriff eine geschichtliche Bedeutung angenommen und bezeichnet eine bestimmte Bewegung, die oft auch „Erneuerung im Geist" genannt wird. Ich ziehe diesen Begriff vor, denn das Wort „charismatisch" deckt nicht alle Aspekte dieser Strömung geistlicher Erneuerung, die nicht nur den Bereich der Charismen berührt, sondern zahlreiche Aspekte des christlichen Lebens.

Da jede echte Erneuerung vom Heiligen Geist abhängt, könnten sich alle geistlichen Bewegungen in der Kirche mit diesem Namen bezeichnen. Die Geschichte behält ihn aber jener Erneuerung vor, die seit 1967 von Gebetskreisen in den Vereinigten Staaten ausgegangen ist.

Im übrigen ist diese „Bewegung" nicht eine im herkömmlichen Sinn des Wortes organisierte Bewegung. Sie hat keine Gründer, keine „institutionalisierten" Leiter, sie bildet kein einheitliches Ganzes. Was unser Thema betrifft, wird die Situation von Land zu Land verschieden sein. Man möge bitte diese Verschiedenheit berücksichtigen, um beurteilen zu können, in welchem Ausmaß manche Warnungen nur für einen lokalen Bereich gelten.

2. Die Grunderfahrung der Erneuerung

34 Sagen wir also zuerst, worin diese Grunderfahrung besteht, welche die eigentliche Seele der Erneuerung ist. Man muß, oberflächliche Vorstellungen beiseite lassend, die Erneuerung verstehen als eine Gnade, welche die Taufe und die Firmung wie eine Art persönliches Pfingsten neu wirksam werden läßt. Das schließt Bekehrung mit ein, erneute Anerkennung Jesu Christi, neue Öffnung für den Heiligen Geist. Es ist Aufgabe der Theologen, die für dieses Geschehen beste Formulierung zu suchen. Der Begriff „Geisttaufe" könnte das Eingliederungssakrament der Taufe, die uns in Jesus Christus einpflanzt, vergessen lassen; das Wort „persönliches Pfingsten" darf nicht vergessen lassen, daß Pfingsten, der Gründungsakt der Kirche, einmalig ist.

Doch wie immer das Vokabular sein mag, eine Erfahrung von Bekehrung zu neuem Leben ist in der Kirche aufgebrochen. Sie geht über die fünf Erdteile hinweg wie ein Anstoß zur Wiederverchristlichung der Christen in der Tiefe, wie ein Wind, der in eine von Asche zugedeckte Glut hineinbläst und sie umwandelt in einen Herd von Wärme und Leben. „Ich bin gekommen, Feuer auf die Erde zu werfen", sagt Jesus, „und was wünsche ich anderes, als daß es brenne."

In Erfüllung des Gebetes von Johannes XXIII. und Paul VI. lebt das Mysterium von Pfingsten weiter, zwar nicht ausschließlich, doch ganz besonders in dieser religiösen Erweckung. Neu ist für jene, die sich darauf eingelassen haben, daß der Heilige Geist, bisher nur Gegenstand des

Glaubens, nunmehr zu einer Lebenserfahrung für sie geworden ist. Hier liegt der Schlüssel des Ganzen.

Darüber schrieb Pater Sullivan S.J., Professor der Theologie an der Universität Gregoriana in Rom:

„Die Christen in der charismatischen Erneuerung bezweifeln keinen Augenblick, daß der Heilige Geist als Person in den Sakramenten der Taufe und Firmung geschenkt wird und daß er in jedem gegenwärtig ist, der in der Gnade Christi lebt. Gleichzeitig glauben sie aber auch, daß der Heilige Geist, obwohl bereits da, in derselben Person auf neue und entscheidende Weise gegenwärtig werden kann, indem er nämlich die vorher im Glauben angenommene Gegenwart umwandelt in die Wirklichkeit gelebter Erfahrung.

Diese Umwandlung zeigt sich in neuen Äußerungen des Wirkens des Geistes im persönlichen Leben, in einem erstaunlichen Zuwachs an Kraft zum Zeugnis für den Herrn wie auch im Auftreten von Charismen. Die Christen in der charismatischen Erneuerung weisen zwar auf diese ‚pfingstliche' Anfangserfahrung hin, die eine neue Gegenwart des Geistes offenbart, sie betonen aber nachdrücklich, daß man diese Anfangsphase nicht überbewerten darf zum Nachteil des neuen ‚Lebens im Geist', das nun beginnt und das deren logische Fortführung sein muß. Man muß diesem neuen Leben Nahrung und Stütze geben, wenn man will, daß die Anfangserfahrung ihre Früchte bringe."[14]

35 Dieser Darstellung – und diesem Zeugnis – möchte ich hier einige Zeilen des Historikers Richard Quedebaux anfügen, der in seinem Buch „The New Charismatics" die Tragweite dieser Erfahrung sehr genau aufzeigt. Er schreibt:

„Als Christus seinen Jüngern versprach, er werde ihnen nach seinem Weggang den Heiligen Geist senden, sah er voraus, daß seine Herabkunft drei Lebensbedürfnisse befriedigen werde:

1. Sie im Glauben stärken.
2. Ihnen mitten im Leiden Freude bringen.
3. Seinen Jüngern Sicherheit, Führung und Belehrung geben.

Betrachtet man indes die Mehrheit der Christen, muß man doch zugeben: wenn sie die Verheißung des Herrn in bezug auf den Heiligen Geist auch verstandesmäßig annehmen, haben sie davon noch keine Erfahrung gemacht. Demzufolge hat die Verheißung in ihrem Leben keine wirkliche Bedeutung, und die Frage taucht auf: wie kann ich wissen, daß der Heilige Geist in mir wohnt?

Auf diese Frage antwortet die charismatische Erneuerung: der Test wird die ‚Taufe im Geist' sein, das heißt eine starke Erfahrung, die dem, der diese Gnade empfängt, die Überzeugung gibt, daß Gott wirklich ist, daß er treu zu seiner Verheißung steht und daß die in der Apostelgeschichte beschriebenen ‚Zeichen und Wunder' auch heute noch für ihn Wirklichkeit werden können."[15]

Auf diese Weise trägt die Erneuerung dazu bei, daß der Heilige Geist im Leben der Christen stärker ins Bewußtsein tritt.

Genau davon war Papst Johannes Paul I. betroffen, dem ich mein Buch „Hoffen im Geiste" gesandt hatte, als er noch Patriarch von Venedig war. In einem freundlichen und herzlichen Brief faßte er seine Empfindung in einem aufschlußreichen Satz zusammen. „Beim Lesen Ihrer Seiten", schrieb er mir, „fühle ich mich gedrängt, mit Ihnen und wie Sie zu sagen, daß ich dazu geführt wurde, die Texte des hl. Paulus und die Apostelgeschichte, die ich zu kennen glaubte, wiederum und mit neuen Augen zu lesen."

Die Erneuerung lebt von diesem wiederholten Lesen.

Zur Reflexion und zum Austausch

1. Der Begriff „charismatisch" ist mehrdeutig: jeder Christ ist schon durch seine Taufe „charismatisch". Wenn wir von der „Erneuerung im Geist" im historischen Sinn von heute sprechen wollen, müssen wir den Ausdruck klären (Nr. 33).

2. Wo ist das Herz der Erneuerung, und was gehört zu den Dingen am Rand? (Nr. 34).
3. Warum hat Jesus seinen Jüngern den Heiligen Geist gesandt? (Nr. 34 und 35).
4. Zeigt auf anhand der Apostelgeschichte, daß der Heilige Geist gekommen ist, um die oben erwähnten Lebensbedürfnisse zu stillen (Nr. 35).

Sagen wir dem Herrn in einem Gebet all unseren Dank für das Wirken seines Geistes in der Kirche durch alle Zeiten hindurch:

Allmächtiger Gott, du hast den Menschen wunderbar erschaffen und noch wunderbarer erlöst.
Hilf uns, den Verlockungen der Sünde
durch die Kraft des Geistes zu widerstehen,
damit wir zu den ewigen Freuden gelangen.

Gebet aus der Osternachtsfeier

VII. Kapitel

DIE ERNEUERUNG UND DAS WIEDER AUFGELEBTE GESPÜR FÜR DEN BÖSEN FEIND

1. Der Heilige Geist macht sensibel für die Bosheit der Sünde

36 Die Gnade der Erneuerung ist nicht nur eine neue religiöse Erfahrung, nicht nur ein lebendigeres Wahrnehmen der Gaben und Charismen, durch die der Heilige Geist die kirchliche Gemeinschaft aufbaut. Diese Gnade steht mit dem gesamten Werk des Geistes in Beziehung. Sein Wirken ist nicht nur in lichtvollen und positiven Seiten wahrnehmbar. Es macht die Christen auch sensibel für die Wirklichkeit der Welt der Finsternis, welcher sich der Geist entgegenstellt. Es vermittelt etwas wie ein neues Bewußtsein für die Realität des Feindes, des Widersachers des Gottesreiches.

Ein geheimnisvoller Text des hl. Johannes sagt uns: „Wenn der Heilige Geist kommt, wird er die Welt überführen und aufdecken, was Sünde, Gerechtigkeit und Gericht ist“ (Joh 16,8).

Die Auslegung dieses Textes ist nicht leicht, doch im großen und ganzen ist der Sinn klar: Der Heilige Geist macht Christus offenbar – das ist seine eigentliche Mission –, aber als Folge davon und im Kontrast dazu hilft er, all das aufzudecken, was sich Christus widersetzt und was zum Antichrist gehört.

Er wird also gemäß der Schrift die Bosheit der Welt und ihre Verurteilung offenbaren, er wird den Christen sensibel machen für die Schwere der Sünde und die Allgegenwart des Bösen. Er wird auch die Niederlage des Fürsten dieser Welt spürbar machen, der durch den Tod Jesu selber gescheitert ist.

Man kann das Gute nicht lieben, ohne – zwar nicht den

Sünder – aber das Böse und die Sünde zu hassen. Wer dem Heiligen Geist freien Raum läßt, dem verleiht er eine neue, verschärfte Fähigkeit, alles zu sehen, bloßzustellen und zu bekämpfen, was in dieser Welt Verneinung Gottes ist.

Der Geist erforscht nicht nur die Tiefen Gottes, sondern dringt auch in die Tiefen des Menschen ein und treibt an, den Verwüstungen des Bösen und der persönlichen wie sozialen Sünde entgegenzuwirken.

37 Wir sind uns mehr und mehr bewußt geworden, daß die Sünde nicht nur etwas Persönliches ist; sie erfaßt auf breiter Ebene auch unsere sozialen Strukturen und Spannungen. Wir haben das bereits angedeutet.

Rassen- oder Parteienhaß, Klassenegoismus, Gewalt und Terrorismus, moralische Verrottung oder unsauberes Geschäftsgebaren, Heuchelei oder Lüge – das alles verfälscht das Zusammenspiel der menschlichen Institutionen, welche immer sie sein mögen. Der Geist hilft, die tiefen Ursachen der uns bedrängenden Unordnung schärfer wahrzunehmen. Er verhilft uns zur Erkenntnis, daß das Böse, unter dem wir leiden, nicht zuerst in den Institutionen und nicht in den Dingen liegt, sondern in uns, in unserem Willen, in unserer Seele. „Die Bombe ist nicht gefährlich", sagte Denis de Rougemont, „was gefährlich ist, das ist der Mensch." Ergänzen wir das mit der Behauptung: Was gefährlich ist, das ist die Sünde im Menschen, und wer Sünde sagt, betritt einen Bereich, in dem der Geist des Bösen seinen Einfluß ausübt.

Man braucht das durchdringende Licht des Heiligen Geistes, um die Schwere des Bösen wirklich zu begreifen und sich selbst als Sünder zu erkennen. Bekannt ist Chestertons Definition der Heiligkeit: „Ein Heiliger ist jemand, der weiß, daß er ein Sünder ist." Die andern wissen das nicht und erkennen sich auch nicht als solche.

2. Der Heilige Geist macht sensibel für den geistlichen Kampf

38 Es ist also nur normal, daß der Heilige Geist das Wissen um den finsteren Grund schärft, auf dem sich das Schicksal der Menschen abspielt, und daß er uns in Alarm- und Kampfbereitschaft versetzt. In einem Buch des protestantischen Verfassers Donald Gee, das den Titel trägt: *„Concerning Spiritual Gifts"*, wird diese Logik des Heiligen Geistes besonders hervorgehoben. Der Autor schreibt:

„Für den einzelnen Gläubigen, der im Heiligen Geist getauft ist, wie auch für die Gruppe, welche die geistlichen Gaben erfahren hat, wird die Gesamtheit der geistlichen Welt sehr real. Daraus folgt zwangsläufig, daß ein schärferes geistliches Sehvermögen für die göttlichen Dinge ganz natürlich dazu führt, daß auch die Wirklichkeit der Mächte des Bösen mit andern Augen gesehen wird. Glücklich der Glaubende und die Versammlung der Gläubigen, die sich mit Wachsamkeit dieser erweiterten geistlichen Sensibilität öffnen, die aber vor allem ihren Glauben an Gott bewahren, der die Kirche beschützt, die er erkauft hat durch sein Blut, und der schließlich über die listigsten Angriffe des unerbittlichen Feindes triumphiert."[16]

ZUR REFLEXION UND ZUM AUSTAUSCH

1. „Der Heilige Geist wird die Welt überführen und aufdekken, was Sünde, Gerechtigkeit und Gericht ist." – Wie macht die Erneuerung sensibel für die Bosheit der Sünde?
2. Was heißt „geistlicher Kampf"? Sind wir uns dessen bewußt?
3. Je zarter ein Gewissen wird, desto mehr wird es sich der Schwäche bewußt. Erläutert das Wort von Chesterton (Nr. 37).

4. Zeigt aus dem Leben der Heiligen – in der Vergangenheit und in der Gegenwart – die Gesinnung der Demut vor Gott.

Vom Heiligen Geist empfindlich gemacht für die Bosheit der Sünde, wollen wir uns dem Herrn anvertrauen:

Ewiger Gott, um unsere Seelen zu heilen, verlangst du,
daß wir den Leib in Zucht nehmen und Buße tun.
Gib uns die Kraft, daß wir uns von Sünden freihalten
und die Gebote erfüllen, die uns deine Liebe gegeben hat.

Tagesgebet vom Montag der zweiten Fastenwoche

VIII. Kapitel

ERNEUERUNG UND DÄMONOLOGIE

39 Bevor wir untersuchen, auf welche Weise innerhalb der Erneuerung der Dienst der „Befreiung von dem oder von den Dämonen" ausgeübt wird, ist zu prüfen, welche Dämonenlehre dieser Praxis zugrunde liegt und ist deren theologische Schwäche aufzuzeigen.

Wir stehen hier einem Phänomen von Ansteckung gegenüber, das Aufmerksamkeit erheischt.

Historisch gesehen, ist die katholische charismatische Erneuerung in den Vereinigten Staaten entstanden, in einer religiösen Umwelt, wo der Einfluß der fundamentalistischen Bibellektüre eine deutliche Rolle spielte und noch immer spielt.

Anfänglich haben zahlreiche Katholiken in der Erneuerung die Praxis der Befreiung bei Christen anderer Traditionen entdeckt, die meist dem freikirchlichen oder pfingstlerischen Milieu angehörten. Und die Bücher, die sie gelesen haben – und noch lesen –, stammen weithin aus diesen Kreisen.

Von da ist eine Überfülle von Literatur entstanden über den Dämon und seine Helfershelfer, über seine Strategie und seine Aktionsmittel usw.

In der katholischen Kirche blieb dieses Feld weithin brachliegen, und unsere eigene Seelsorge bot kaum eine zeitgemäße Führung an. Man muß es eingestehen: hier lag ein Versäumnis unsererseits vor, und es ist nicht die Schuld der Mitglieder der Erneuerung, wenn sie rechtzeitig keine auf den heutigen Stand gebrachten und autorisierten Weisungen hatten.

Das erklärt die Osmose, die da stattgefunden hat, und auch die Ansteckung von einer üppigen, dem katholischen Denken fremden Literatur, die sich allzu selbstsicher gibt und uns überschwemmt hat. Die Exzesse in Sachen Dämonologie haben hier ihren ersten Ursprung, aber auch einige popularisierende katholische Autoren – das ist ebenfalls einzugestehen – haben dazu beigetragen, diese Übertreibungen zu verschärfen.

Ich habe nicht die Absicht, ein vollständiges Verzeichnis davon anzulegen; das würde ins Uferlose führen. Ich werde auch keine Namen nennen, denn der gute Glaube und die pastorale Sorge der Autoren sind offensichtlich, und die mildernden Umstände sind somit durchaus real.

Ich werde hier eine Reihe von Behauptungen anführen, deren Unbewiesensein und Überspanntheit in die Augen springen müßten. Man kann sie in unzähligen Büchern, Broschüren, Kassetten auflesen, von denen einige „zum privaten Gebrauch" zirkulieren, die aber dennoch öffentlich verkauft werden.

Der überspannte Dämonismus, den ich hier zu beschreiben habe, sucht zum Glück nicht alle Länder in gleichem Umfang heim, doch findet man davon zu zahlreiche Spuren, als daß man die Aufmerksamkeit nicht auf ihn lenken müßte.

1. Im nicht-katholischen Bereich

40 Zitieren wir hier also zunächst einige typische Übertreibungen aus der nicht-katholischen Literatur. Die inflationäre Fülle ist besonders bei jenen Autoren spürbar, die zumindest einen großen Teil, wenn nicht die Gesamtheit der körperlichen oder seelischen Krankheiten dämonischen Einflüssen zuschreiben.

Dämonen und Krankheiten

Einer der „Meister in Dämonologie" zählt unbeschwert unter den Krankheiten, deren Ursache manchmal, wie er sagt, dämonisch ist, folgende auf: Schlaflosigkeit, Epilepsie,

Anfälle, Krämpfe, Migräne, Asthma, Stirnhöhlenentzündung, Tumore, Geschwüre, Infarkte, Arthritis, Lähmung, Taubheit, Stummheit, Blindheit.

Dämonen und deren Austreibung

Der „Meister“ geht in seiner Präzisierung so weit, daß er behauptet:
- daß der Dämon der Angst in der Regel mit einer Art von hysterischem Schluchzen ausfahre,
- der Dämon der Lüge und des Hasses mit lautem Gebrüll,
- der Dämon des Nikotins mit Husten oder Schluckauf.

41 *Dämonen und Spezifikationen*

Er sagt uns auch, daß unter den Namen, welche die Dämonen eingestanden hätten, sich folgende befänden: der Dämon der Angst, des Hasses, der Lüge, des Zweifels, des Neides, der Eifersucht, der Verwirrung, der Perversität, der Schizophrenie, des Todes, des Selbstmords, des Ehebruchs, des Spottes, der Gotteslästerung, der Hexerei.

Dämonen und Zahlen

In einem Werk von gleicher Eingebung findet man eine Liste von 323 Sorten von Dämonen, und es wird nicht der Anspruch erhoben, die Liste sei erschöpfend. Man kann dort auch lesen, daß die Schizophrenie das Resultat eines Komplexes von 15 (oder mehr) Dämonen sei, die von Unterteufeln begleitet seien. Ein Kapitel ist der Gruppierung der Dämonen gewidmet, die katalogisiert werden in einer zusammenfassenden Tabelle von drei Seiten, aufgeteilt in 53 Kolonnen.

Dämonen und Organisation

In einem viel gelesenen und benützten pastoralen Handbuch ist zu lesen:

– Die Armee Satans ist streng durchorganisiert, vergleichbar mit der Armee der Vereinigten Staaten, und mit einer Rangordnung vom Oberbefehlshaber bis zu den Generälen, Obersten, Majoren, Hauptleuten, Leutnants usw.

– Die Dämonen haben eigene Operationsgebiete, die ihnen angewiesen werden, zum Beispiel eine bestimmte Nation oder eine bestimmte Stadt.

Dämonen und geistlicher Kampf

Man müsse einen Kampf liefern und dürfe sich nicht mit dem Beten begnügen, denn Gott hat auf unser Gebet schon geantwortet, indem er uns Autorität und Macht über den Bösen gegeben hat. An uns, wird gesagt, liege es, diese Macht auszuüben: „Hören wir auf, den Himmel zu bestürmen, um etwas zu erlangen, was wir schon bekommen haben, und fangen wir an, unsere Befugnis (zur Befreiung) auszuüben, die uns schon erteilt worden ist.“

Dämonen und Kinder

Dieser Dienst der Befreiung, wird gesagt, sei auch Kindern gegenüber auszuüben. Dem wird ein ganzes Kapitel gewidmet. Da schon gezeigt worden sei, daß die bösen Geister die Fähigkeit hätten, in einen Fötus und in Kinder zu fahren, liege es auf der Hand, sagt man, daß die Befreiung auch ihnen gegenüber auszuüben sei. Man könne Dämonen, die in Kinder gefahren seien, ebenso austreiben wie jene von älteren Personen. Im Moment der Austreibung durch den Mund oder die Nase gebe es da Äußerungen wie bei der Befreiung von anderen.

2. *Im katholischen Bereich*

Im Schrifttum katholischer Herkunft kann man Behauptungen aufzeigen, nur als Stichproben, die einen verlegen machen.

Böse Geister in Gruppen

Da wird gesagt, die Dämonen rotteten sich in Gruppen zusammen, und die beherrschenden Dämonen unter ihnen könnten sich die Stimme eines menschlichen Wesens ausleihen, was in einem von acht oder zehn Fällen vorkomme.

Da wird gesagt, wenn zwei Herrschergeister in ein und derselben Person ihren Wohnsitz ausgewählt hätten, würden sich die Dämonen untereinander schlagen, um die totale Kontrolle zu erlangen, und schon dieser Kampf sei derart, daß er geistige Störungen hervorrufen könne. Wenn man Stimmen höre, sei das ein Zeichen, daß der Kampf im Gange sei.

Man zitiert lobend und als besonderer Aufmerksamkeit würdig einen Verfasser, der erklärt, „daß die Geister zusammenwirken in Gruppen von je acht. . .“

Eingesperrte Dämonen

Es wird gesagt, die bösen Geister würden manchmal blockiert und zusammen eingesperrt. Die Weigerung zu verzeihen rufe zum Beispiel dieses Phänomen oft hervor.

Die stärkeren Geister versuchten die schwächeren einzusperren. Wenn man zum Beispiel einen von einem andern Geist gefangenen Dämon „der Rache“ entdecke und ihn nicht von vorne wegdrängen könne, so vermöge man oft mit ihm fertig zu werden, indem man um ihn herumgehe.

Strategie der niederen Dämonen

Es wird gesagt, man müsse die Natur der Geister gut diagnostizieren und unter ihnen die beherrschenden Geister unterscheiden.

Die niederen Geister würden sich der Macht der beherrschenden Geister unterordnen, um die andern zu täuschen.

Ausfahren der Dämonen

Es wird gesagt, während die Dämonen früher unter Husten ausgefahren seien, täten sie das heute eher unter Gähnen. Der Exorzist, der selber gähne, mache das Ausfahren leichter.

Sachen und Tiere

Da ist die Rede von Spiegeln, von Nippsachen aus dem Orient, die okkulten Einflüssen zugänglich seien und die man aus seinem Haus schaffen solle.

Man spricht sogar von einer Katze, die eine vollständige Persönlichkeitsveränderung durchgemacht habe, weil böse Geister in das Tier gefahren seien.

Böse Geister, die sich an die Exorzisten anklammern können

Es wird gesagt, daß durch den körperlichen Kontakt der Exorzisten, wenn sie der zu befreienden Person die Hand auflegen, Ansteckungsgefahr bestehe.

Man müsse beten, um den betroffenen Exorzisten zu befreien, sobald das Team das wahrgenommen habe.

Und hier noch einige Beispiele:

– Ein gewisser Prediger mit großem Zulauf ermutigt dazu,

sich zu erbrechen, um damit die Austreibung der Dämonen zu erleichtern.

– Ein anderer empfiehlt, jeden Tag eine bestimmte kurze Zeit für die Austreibung der Dämonen zu reservieren, als wesentlichen Teil jedes geistlichen Lebens.

Ein Geistlicher, dessen Schriften, vervielfältigt und in verschiedene Sprachen übersetzt, zirkulieren und Verwirrung anrichten, er schreibt:

Wenn man einen möglichen Sieg ins Auge faßt, ist es wichtig, die Stärke der bösen Geister abzuschätzen.

Das bedeutet, daß man wissen muß:
– Wer sie sind.
– Wie häufig sie ihr Spiel treiben.
– Dann muß man ihre Kraft ansehen, ob sie fest, robust, schwer sind.
– Und selbst ihre Größe ist in Betracht zu ziehen.

„Ich brauchte", so meint er, „zwei Jahre, um ein Mädchen von 16 Jahren zu befreien und aus ihr schließlich 25 Dämonen auszutreiben."

Beim Befreiungsdienst wird der Rat gegeben, den Feind mit seinem Namen zu identifizieren. Er kann in einer Person zwar Krämpfe verursachen, sie in Trancezustand versetzen und auf vielerlei Weisen quälen; solange er aber nicht identifiziert ist, glaubt er, die Gebete seien nicht gegen ihn gerichtet.

Auch sei es gut, folgende Fragen zu stellen:
1) Wer seid ihr?
2) Wie viele seid ihr?
3) Seit wann seid ihr in dieser Person?
4) Wo steckt ihr in ihr?
5) Welche Krankheit habt ihr in ihr verursacht?

Man müsse mit Ausdauer die Autorität des Namens Jesu gebrauchen: „Ich befehle euch im Namen Jesu, zu sprechen und eure Namen zu sagen."

In gewissen Augenblicken können sie nur die Zunge

bewegen und einzelne Worte murmeln. Man muß dann weiterhin darauf bestehen, daß der Teufel deutlich redet.

Es wird ferner der Rat gegeben, der zu befreienden Person dreimal tief in die Augen zu schauen und sie zu bitten, auch dem Gegenüber dreimal tief in die Augen zu schauen. Es sei ihr zu sagen, sie solle beim dritten Mal die Augen schließen und solle schlafen. Dann möge man ihrer Seele zusprechen, nachdem man das Kreuzzeichen über sie gemacht hat.

Warum, wird man sagen, solch ein Inventarium, das der Erneuerung nur schaden kann, ihren Gegnern Waffen in die Hände spielt und nur den Eindruck erweckt, daß diese Überspanntheiten allgemein in der katholischen charismatischen Erneuerung gang und gäbe seien?

Von vornherein will ich sagen, daß zahlreiche Gruppen und Gemeinschaften in der ganzen Welt mit diesen Überspanntheiten tatsächlich nichts zu tun haben und so vor diesen Irrtümern geschützt sind.

Aber ich glaube, es ist ein nötiger Dienst für die Verkehrssicherheit, wenn man auf die Abgründe entlang der Straße aufmerksam macht.

Dann meine ich, daß die Ansteckung etwas Heimtückisches ist und daß es besser ist, von vornherein vor ihr gewarnt zu werden. Und schließlich kann die Erneuerung an Glaubwürdigkeit nur gewinnen, wenn sie selber eine derartige Dämonenlehre öffentlich anprangert. Auf diese Weise wird sie dem ganzen spirituellen Reichtum, den sie anbietet, mehr Gewicht und Wert verleihen. Zu diesem Reichtum gehört auch das lebendigere Bewußtsein von der Gegenwart der Mächte des Bösen und der Notwendigkeit des geistlichen Kampfes.

Zur Reflexion und zum Austausch

1. Vergleicht die in diesem Kapitel zusammengestellten Behauptungen mit der Zurückhaltung der Kirche (Nr. 4, 5, 24, 25).
2. Warum diese Überspanntheiten herausstellen? Schadet das nicht der Glaubwürdigkeit der Erneuerung? Untersucht die auf den Einwand gegebene Antwort (Nr. 41).
3. Habt ihr andere Beispiele in dem Schrifttum gefunden, das in „charismatischen“ Kreisen oder außerhalb zirkuliert?
4. Wie soll man konkret reagieren auf das Eindringen einer Dämonenlehre, die dem Denken der Kirche fremd ist, das sich ausspricht im lebendigen Lehramt von heute?

Einmütig im Gebet mit der ganzen Kirche bitten wir den Herrn, uns vor den Mächten des Bösen zu bewahren und uns im geistlichen Kampf zu führen:

Allmächtiger Gott, du hast uns
durch das Wasser der Taufe neu geschaffen;
schütze dieses neue Leben,
damit alle, die an dich glauben,
dem Ansturm des Bösen standhalten
und das Geschenk deiner Gnade treu bewahren.

Tagesgebet vom Samstag der dritten Osterwoche

IX. Kapitel

PRAXIS DER „BEFREIUNG“ VON DÄMONEN IN KATHOLISCHEN KREISEN

42 Bis hierher sind wir auf der Ebene der Lehre geblieben. Jetzt treten wir ein in den praktischen Ablauf dieses Dienstes der „Befreiung“, welches Wort ein abgeschwächter Begriff ist, der in Wirklichkeit einen Akt von Exorzismus bezeichnet.

1. Was versteht man unter Exorzismus?

Was bedeutet der Begriff, was ist sein Inhalt? Das französische Lexikon für katholische Theologie gibt unter dem Wort „Exorzismus“ folgende Definition: „Der Exorzismus im eigentlichen Sinn ist eine Beschwörung des Dämons, um ihn zu verpflichten, einen Ort zu verlassen, eine Stellung aufzugeben, einer Person die Freiheit wiederzugeben, die er mehr oder weniger in seiner Gewalt hat. Die Beschwörung wird vorgenommen entweder in der Form eines direkt an den Dämon erteilten Befehls, aber im Namen Gottes oder Jesu Christi, oder in der Form einer Anrufung, eines Bittgebetes, das an Gott und an unseren Herrn gerichtet wird, um zu erreichen, daß Gott den Befehl zur Austreibung gebe oder daß er ihre Durchführung sicherstelle.“

Man bemerkt, daß die gegebene Definition zwei verschiedene Arten von Beschwörung umfaßt.

Bei der zweiten Art wendet man sich direkt und allein an Gott mit der Bitte, er selbst möge die Befreiung bewirken. Es handelt sich in diesem Fall um einen Flehruf an Gott, um ein Bittgebet.

Bei der ersten Art von Beschwörung handelt es sich um eine Aufforderung, die im Namen des Herrn direkt an den oder die Dämonen gerichtet wird und diese drängt, ihr Opfer freizugeben. Also direkte Aufforderung, Dialog, in dem oft versucht wird, den Namen und die spezifische Art des Dämons herauszubekommen. Bisweilen gibt man dieser Aufforderung die Bezeichnugn „imprecatives Gebet“[17], um es zu unterscheiden vom andern, dem „deprecativen Gebet“, aber streng genommen richtet ein Christ ein Gebet nur an Gott, nicht an den Dämon.

Wir konzentrieren uns hier auf die erste Art von Beschwörung, welche Fragen aufwirft, die zu klären sind.

2. *Beschreibung des Vorgehens bei einer „Befreiung“*

43 Beginnen wir mit der Beschreibung einer dafür typischen Sitzung.

Ich beschreibe nach persönlichen Erinnerungen und gestützt auf zahlreiche Zeugnisse. Es gibt natürliche Varianten je nach den Personen, den Fällen und den Ländern. Aber die Praxis hat überall gemeinsame Grundzüge und sieht so aus:

Zunächst etwas zur Person, die „befreit“ werden soll.

Diese hat um diese „Befreiung“ gebeten, entweder von sich aus oder auf Beeinflussung hin. Manchmal sieht man sogar, wie von einem besonders beredten Propagandisten eine plötzliche Ansteckung ausgeht.

Mir fiel auf, daß in gewissen Kreisen das Beten um „Befreiung“ so angeboten wird, als ginge es hier um einen für das volle christliche Leben unverzichtbaren Ritus. Ich stelle auch fest, daß diese „Befreiungen“ ziemlich oft wiederholt und nicht ein für alle Mal abgeschlossen werden.

In manchem Gebetskreis oder in mancher charismatischen Gemeinschaft wird bisweilen erwogen, daß jedes zukünftige Mitglied des Kreises einwilligen muß in eine oder mehrere Sitzungen zur „Befreiung von bösen Geistern“ unter verschiedenen Namen. Man möchte daraus so etwas wie eine

Art verbindlichen Ritus der Vorbereitung für die „Geisttaufe“ machen.

Die zu „befreiende“ Person kann sich entweder einreihen in die Kategorie der gewöhnlichen oder in die der akuten Fälle. Wird letzteres angenommen, dann steht man jemand gegenüber, der sich für ein Opfer von unkontrollierbaren Zwängen hält, die außerhalb seines Willens liegen und bisweilen ungewöhnliche Phänomene auslösen. In diesen ist Raum für ein Spiel von unbewußten Suggestionen.

Bei den gewöhnlichen, nicht spektakulären Fällen wird angenommen, daß die betreffende Person gebunden ist durch irgendeinen diabolischen Einfluß, durch einen oder durch verschiedene böse Geister. Diese Person hat diese oder jene böse Neigung in sich eindringen lassen – die zu erkennen und anzugeben sie aufgefordert wird – und die nach und nach zu Antrieben geführt hat, die als unkontrollierbar empfunden werden. Dabei kann es gehen um die Neigung zum Alkoholismus, zur Droge, zu sexueller Zügellosigkeit, zu Selbstbefriedigung, zu Kleptomanie usw. Die Gruppe arbeitet dann darauf hin, die Person von den bösen Geistern zu befreien, die sie in Sklaverei halten, und die Fesseln zu zerreißen, die ihrer Freiheit hinderlich sind.

Diese direkte Aufforderung an den Dämon geschieht im Namen des Herrn, in tiefem Glaubensgeist und mit allem brüderlichen Mitgefühl. Man wendet sich aber nicht nur an Gott, sondern man beschwört und fordert die bösen Geister in direkter Weise auf, ihre Beute freizugeben.

44 Das alles läuft in mehreren Phasen ab:

– Eine erste, vorbereitende Phase ist dem Gebet gewidmet, meist in der Gruppe; dann der Unterscheidung des Falles, der Festlegung des nötigen Zeitaufwandes, der Vorbereitung der Abfolge usw.

– Eine zweite Phase besteht in dem eigentlichen „Gebet um Befreiung“. Dieses umfaßt:

1. Ein einleitendes Lobgebet zu Gott und die Bitte um

Schutz für die Exorzisten, die sich den Angriffen des Bösen aussetzen.

2. Ein Gebet um „Bindung" der bösen Geister, damit sie an Heftigkeit in den Opfern verlieren.

3. Die Bemühung, durch Aufforderung und Fragen die Identität und den Namen der Dämonen herauszubekommen, die da vermutlich am Werk sind, damit man besser, wenn sie einmal erkannt sind, einen nach dem andern austreiben kann.

4. Die Absage der zu befreienden Person, die eingeladen wird, selbst freiwillig die Sünde oder die Sünden zurückzuweisen, die dem spezifisch dämonischen Wirken zugrunde liegen, welches, so glaubt man, sie bindet und hemmt.

Man befiehlt dann dem vorher unter diesem oder jenem Namen identifizierten bösen Geist, er soll die bedrängte Person verlassen, ohne irgend jemand zu belästigen, und soll dorthin gehen, wo der Herr es will.

– Eine dritte, die Endphase, umfaßt Dankgebet und die eventuelle Aufstellung eines Planes zur „Konvaleszenz".

Vor diesem allgemeinen Grund heben sich Varianten in der Form ab. Da empfiehlt einer, den Leuten ins Auge zu schauen, um auf den oder die Dämonen Eindruck zu machen, die darin wohnen; dort empfiehlt ein anderer, die Augen zu schließen. Da verstärkt einer die Stimme, um dem Dämon mit mehr Kraft oder Autorität zu befehlen, im katholischen Milieu mit Hilfe von Kreuz, Salz oder Weihwasser. Dort befürwortet ein anderer eher einen verhaltenen Ton der Stimme, da man ja nicht aus eigener Kraft, sondern im Namen des Herrn handle. Es kommt vor, daß man die betreffende Person nachdrücklich ermutigt, sich zu erbrechen, um die Austreibung der Dämonen zu erleichtern. Während eines Kongresses in Florida hörte ich selbst die Aussage einer Frau, die sich als „befreit" erklärte und bezeugte, daß sie fünfzehn Dämonen ausgespuckt habe.

Diese Sitzungen können sich ausnahmsweise auf Wochen und Monate verteilen. Vor kurzem haben bei einem Kongreß in den Vereinigten Staaten ein Dutzend Priester solche

Beschwörungen vorgenommen, zwölf Stunden lang, ununterbrochen, die Nacht hindurch, ohne endgültigen Abschluß.

Ich führe diese Einzelheiten an, damit man sich leichter ein Bild machen kann von dem, was sich bei diesen gewiß extremen, doch aufschlußreichen Fällen abspielt.

3. Was wird mit dem Begriff „Befreiung" in Wirklichkeit verdeckt?

45 Die den „Dienst der Befreiung" versehen, verwahren sich in der Regel dagegen, den Exorzismus auszuüben. Sie wissen, daß Exorzismen im eigentlichen Sinn für Fälle von angenommener teuflischer Besessenheit vorgesehen und daß diese „feierlich" genannten Exorzismen dem Bischof vorbehalten sind. So vermeiden sie den Anschein, sich auf verbotenem Terrain zu bewegen, und wählen irgendeinen andern, mehr neutralen Ausdruck. Sie sprechen von Sitzungen zur „Rettung", zur „Befreiung", für das „Aufnahmegebet", das „Spezialgebet", das „Mitleiden".

Warum diese Vorsicht in der Sprache? Der gute Glaube und auch die Liebe stehen hier nicht in Frage, doch spielen verschiedene Faktoren mit, daß man diese verschleiernde und abschwächende Terminologie begünstigt. Das neutralere „Passepartout"-Etikett kann gewählt werden:

- um diejenigen nicht zu erschrecken, denen man helfen will;
- um zu vermeiden, daß die Aufmerksamkeit der verantwortlichen kirchlichen Obrigkeiten geweckt werde, die ob dieser Ausbreitung unruhig werden und darin nicht autorisierte, „geschmuggelte" Exorzismen sehen könnten;
- um ganz einfach eine ungesunde Neugierde oder unbesonnene Schwärmerei der Leute zu vermeiden. Von daher auch das Fehlen von Öffentlichkeitsarbeit.

Wie immer die Gründe für die Zurückhaltung oder das Geheimnis sein mögen, Tatsache ist, daß zahlreiche Zusammenkünfte oder Sitzungen zur „Befreiung" in Brauch sind – manchmal am Rand eines Kongresses oder eines Gebetsabends, gelegentlich auch, wir sagten es, als vorgeschriebene oder dringend angeratene Vorbereitungsphase für jene, welche die „Geisttaufe" empfangen oder einer Lebensgemeinschaft angehören wollen.

Diese Zwielichtigkeit schafft die Gefahr, daß sich in die Kirche eine Seelsorgspraxis einschleicht, die leicht in Richtung Esoterik ausarten könnte. Eine Geheimlehre ist das gerade Gegenspiel zur Kirche, die keine zwei Lehren oder zwei Verhaltensweisen hat: eine für Eingeweihte, eine andre für jedermann.

4. Eine unscharf gezogene Grenzlinie

46 Die Praxis der Befreiung von Dämonen, ohne Auftrag und nach Art des direkten Exorzismus ausgeübt, stellt ein Grenzproblem dar, das erhellt und geklärt werden muß. Beim ersten Hinsehen scheint die Scheidelinie klar zu sein: die Exorzismen sind ausschließlich dem Bischof oder seinem Delegierten vorbehalten für Fälle von angenommener teuflischer Besessenheit. Die Fälle, die außerhalb der eigentlichen Besessenheit liegen, sind Brachland, nicht geregelt, also allen zugänglich.

Die Fälle wirklicher Besessenheit, bei denen also der Exorzismus reserviert ist, sind selten. Aber alles, was jenseits der eigentlichen Besessenheit liegt, bleibt wie ein Gebiet mit unscharfen Konturen, in dem Konfusion und Vieldeutigkeit herrschen. Schon die Kompliziertheit der sprachlichen Bezeichnungen ist nicht dazu angetan, die Sache einfacher zu machen. Es gibt keine gemeinsame Fachsprache, und man findet hinter denselben Etiketten verschiedene Inhalte. Abgesehen davon, sträubt sich dieser ganze Bereich gegen eine sprachliche Abgrenzung.

Was ist es eigentlich, das die teufliche Besessenheit, die

totale oder partielle, bestimmt, und was soll man sich darunter vorstellen? Handelt es sich um einen Einfluß, der von innen oder von außen kommt? Und wie soll man die gebräuchlichen Begriffe definieren: Infestation, Obsession, Oppression, Tentation usw.[18]

Es wäre nötig, daß dies alles klargestellt würde, um zu verhüten, daß man sich im „Geheimnis der Bosheit" auf Abenteuer einlasse, gewissermaßen als Freischärler, am Rande der Kirche, mit mehr oder weniger Unwissenheit.

Im dritten Teil machen wir einige praktische Vorschläge zu diesem heiklen Bereich.

Zur Reflexion und zum Austausch

1. In der Definition des Exorzismus (Nr. 42) sind zwei Aspekte sorgfältig zu unterscheiden. Untersuchen wir aufmerksam die Nr. 42. Sie ist der Schlüssel dieses IV. Dokumentes von Mecheln. Warum?
2. Das Gebet um „Befreiung vom Bösen", das sich an Gott richtet, wurde von Jesus selbst gelehrt. Untersuchen wir den Sinn der Schlußbitte des Vaterunsers „befreie uns von dem Bösen" (verstanden als der und das Böse).
3. Warum stellt die Heimlichkeit, mit dem das Wort „Befreiung" und die dahinter steckende Praxis umgeben wird, eine so ernste Gefahr dar?
4. Wir zeigen die Vieldeutigkeit des Vokabulars auf und die Unschärfe der schlecht gezogenen Grenzlinie zwischen der Besessenheit und dem verkehrten Einfluß, der „diesseits der Besessenheit" liegt (Nr. 46).

Mit der Kirche bitten wir den Vater um die wahre Freiheit der Kinder Gottes:

Barmherziger Gott, du hast deinen Sohn in diese Welt gesandt,
um die Menschen aus der alten Knechtschaft zu befreien.

Schenke allen, die auf deine Hilfe warten,
die Freiheit des neuen Lebens.

Tagesgebet vom Samstag der ersten Adventswoche

X. Kapitel

ERNEUERUNG UND TEUFELSAUSTREIBUNG: THEOLOGISCHE BEMERKUNGEN

47 Wenn die katholische Kirche die Existenz und den Einfluß der Mächte des Bösen auch mit Bestimmtheit anerkennt, so ist sie anderseits auf der Ebene der systematischen Dämonologie sehr zurückhaltend. Wenn es ein Gebiet gibt, wo man den Rat des Apostels, nach Nüchternheit zu streben, befolgen muß, dann gewiß auf diesem. Vom Dämon kann man nur „in obliquo" reden, nur aus indirekter Sicht heraus. Seine Stärke liegt wesentlich in der Verschleierung. Er spiegelt von Natur aus falsche Tatsachen vor und ist der Vater der Lüge. Er ist obskur durch Definition und aus innerem Bedürfnis. Niemand hat je den Bösen mit unverhülltem Angesicht gesehen, ihn, der ein geistiges Wesen und für uns nicht erreichbar ist, als solcher bekannt nur aus der Offenbarung. Sein Wirken ist stets schwer nachzuweisen, was immer gewisse Leute darüber denken mögen, die sich mit bestürzender Unbesonnenheit auf dieses von Minen übersäte Feld wagen.

Niemand hat den Wind je von Angesicht gesehen. Man „erkennt" sein Wirken am Zittern des Laubes an den Bäumen oder am Staub, den er beim Durchziehen aufwirbelt. Der Böse enthüllt uns seine wahre Identität, seine Strategie und sein Verhalten nicht. Überdies muß man sich vor jeder Übertreibung hüten, die aus sich eine Zwangspsychose erzeugt. Und das wäre gerade die Negation unserer christlichen Religion, die Frohe Botschaft ist und Heilsgnade aus dem Siege Christi.

Dieser Bereich untersteht in letzter Instanz dem Lehramt der Kirche, die allein von ihrem Meister das Charisma der endgültigen Unterscheidung erhalten hat. Würde man diese Autorität unter Berufung auf seine persönliche Erfahrung zurückweisen, wäre das mit dem katholischen Glauben unvereinbar. Dieser Punkt ist wichtig.

Wenn man Vorbehalte äußert über die Weise, wie die Teufelsaustreibung praktiziert wird, stößt man regelmäßig bei denen, die sie vornehmen, auf den Einwand, den sie aus ihrer Erfahrung herleiten: sie hätten, so sagen sie, Austreibungen „konstatiert", und an den unleugbaren geistlichen Früchten, die sich daraus ergeben hätten, könnten sie nicht zweifeln.

1. Ist die Erfahrung letzter Maßstab für die Wahrheit?

48 Das aus der Erfahrung hergeleitete Argument muß näher geprüft werden. Was kann Erfahrung legitimerweise bezeugen, und wo ist ihre Grenze?

Man beruft sich auf Heilungen, die auf einen Exorzismus hin erlangt worden sind. Man hat aber Grund, hier zwei Aspekte zu unterscheiden, die sich nicht notwendig oder sogar überhaupt nicht decken: den Aspekt der „Heilung" und den Aspekt der „Teufelsaustreibung".

Eine erste Frage wird also sein: was soll man von den manchmal sogar spektakulären Heilungen denken, auf die man sich beruft? Muß man sie zurückweisen?

Für meinen Teil habe ich keine gültigen Gründe, in bestimmten Fällen an Heilungen zu zweifeln, wofern man überhaupt in diesen stets schwierigen Dingen urteilen kann. Jesus sagte, wo zwei oder drei in seinem Namen versammelt sind, da sei er mitten unter ihnen. Es geschah sicher in seinem Namen und unter ausdrücklicher Anrufung dieses Namens, daß sich eine Gruppe versammelt hat, um den Dienst brüderlichen Erbarmens auszuüben. Und Gott hat den Seinen versprochen, daß in seinem Namen Heilungen geschähen.

Kann ich aber darüber hinausgehen und aus der Tatsache der Heilung den Schluß ziehen, daß diese wirklich der

Austreibung eines oder mehrerer angesprochener Dämonen zu verdanken ist? Hier liegt die ganze Frage: wenn es Heilung gibt, kommt sie von Gott, gewiß, aber geschah die „Heilung durch Austreibung von Dämonen"?

Was wird auf der Ebene der Erfahrung festgestellt?

Man stellt zuallererst den Anfangszustand fest, in dem sich das Opfer dieser Einwirkungen und Abnormitäten befindet, unter denen es leidet. Dann stellt man fest, daß ein bestimmtes, überall mehr oder weniger gleichartiges Ritual entfaltet wurde. Schließlich stellt man einen Endzustand fest: die Freude des Opfers, das ein Gefühl von Freiheit und Frieden empfindet.

Aber – und das ist hier der Kern der Frage – mit welchem Recht darf man den Schluß ziehen, daß der Übergang vom Anfangszustand A zum Endzustand B zurückzuführen ist auf die Austreibung eines oder mehrerer Dämonen, welche diese Person gefangengehalten hätten?

Die Konklusion geht sonderbar weit über die Prämissen hinaus. Die Strenge logischer Beweisführung gestattet nicht, aus einem konstatierten Zusammentreffen von Gebet und Heilung auf einen Kausalnexus zu schließen, der diese verursacht hätte. Das „cum hoc, ergo propter hoc"[19] ist geradezu der Typ einer trügerischen Schlußfolgerung.

49 Wenn man auf seiner Meinung beharrt und auf die Früchte des Friedens und der inneren Freude hinweist, welche die Folge einer Austreibung seien, muß ich sagen, daß hier immer noch Klugheit geboten ist. Kann man sich ohne weiteres auf wohltuende Wirkungen berufen, um sie der Austreibung des oder der Dämonen zuzuschreiben?

Allein schon auf der natürlichen Ebene kann das Zusammensein eines bedrückten Menschen mit einer Gruppe, die ihn aufnimmt, von sich aus von Ängsten befreien und somit fruchtbar und wohltuend sein. Teilnahmsvoll angehört zu werden, ist schon ein Schritt zur Heilung hin. Von der Gnade einmal abgesehen, wohnt bereits dem anteilnehmenden Zusammensein, wenn es nur unter den gebotenen Voraussetzungen geschieht, eine Wirkkraft inne.

Ähnliche Früchte eines wiedergefundenen inneren Friedens werden in Gruppen jeder Art festgestellt, die unter verschiedenen Bezeichnungen zur Befreiung der Teilnehmer beitragen, ohne daß von Teufelsaustreibungen die Rede ist.

Es werden also nicht die Früchte von Frieden und Freude, die wiedergefunden wurden, bestritten; von da aber bis zum Schluß, es habe sich um eine Befreiung von Dämonen gehandelt, ist noch ein weiter Weg. Es wäre zu einfach, wollte man nach der pragmatischen Feststellung: „it works", „das gelingt" – wie wir es mehr als einmal gehört haben – den Schluß ziehen, der Dämon habe seine Beute freigegeben.

Das geflügelte Wort: „Man erkennt den Baum an seinen Früchten" gilt in dem Maß, als man alle Früchte des Baumes prüft und man den Zusammenhang zwischen Frucht und Ast herstellt. Dazu müßte man alles ausscheiden, was von anderswoher zu dem glücklichen Ergebnis hätte beitragen können, wie das Gebet, die brüderliche Anteilnahme, die aufrichtige Liebe der „Exorzisten".

Diese Überlegungen haben kein anderes Ziel als dazu aufzufordern, keine übereilten Schlußfolgerungen zu ziehen, die über die strenge Logik hinausgehen.

2. Die Kirche, die einzige autorisierte Interpretin

50 Da ich hauptsächlich für Gläubige der katholischen Kirche schreibe, muß ich noch weiter gehen und die erforderte Unterscheidung in Zusammenhang bringen mit der Aufgabe der lehrenden Kirche selbst, insofern sie im eigentlich theologischen Auftrag steht, alles zu interpretieren, was den Bereich der Offenbarung berührt. Wir befinden uns hier auf der Ebene des Glaubens, und ich habe meinen Glauben auszurichten am Glauben der Kirche. „Herr", sagen wir in jeder

Eucharistiefeier, „schau nicht auf unsere Sünden, sondern auf den Glauben deiner Kirche."

Ein Christ oder eine Gruppe von Christen können niemals als Alleinstehende handeln, losgelöst von der kirchlichen Gesamtgemeinschaft, ohne Bindung an den Bischof, der ihr vorsteht. Wir müssen den Glauben der Kirche befragen, so wie er gelebt wird und sich ausdrückt durch das lebendige Lehramt, und müssen uns kindlich ihrer mütterlichen Weisheit anvertrauen. Diese muß uns führen auf einem Gebiet, das sich dem nur verstandesmäßigen Wahrnehmungsvermögen entzieht.

Was in der Welt der Finsternis vor sich geht, sogar die Existenz und das Wirken der bösen Geister selbst – ganz wie auch die Existenz und der leuchtende Dienst der Engel – all das entzieht sich der Zuständigkeit unserer Natur und gehört zur Offenbarung Gottes. Und diese ist durch einen positiven Willensakt des Herrn seinen Aposteln und ihren Nachfolgern anvertraut worden. Die Apostel wurden im Heiligen Geist eingesetzt in letzter Instanz als Interpreten und Bürgen des Wortes Gottes, das beleuchtet wird von der lebendigen Tradition der Kirche.

Hier sollte man alles nochmals lesen, was im II. Kapitel über die Kirche als Interpretin des Wortes Gottes gesagt worden ist. All das ist klassische und einmütige Lehre der katholischen Kirche. Im Glauben an das Wirken des Heiligen Geistes in der gegründeten Kirche wollen wir anerkennen, daß wir keine Qualifikation besitzen, in Fragen der Dämonenaustreibung uns in letzter Instanz auszusprechen und daß sogar die Erfahrung sich vom Licht des Glaubens erleuchten lassen muß.

Zur Reflexion und zum Austausch

1. Warum ist „die Erfahrung" nicht das letzte Kriterium, das erlauben würde, auf die Tatsächlichkeit einer Teufelsaustreibung zu schließen? (Nr. 48).

2. Kann man hier nicht das Wort anwenden: „Man erkennt den Baum an seinen Früchten"? Diskutiert über Sinn und Grenze dieses Schriftwortes (Nr. 49).
3. Warum ist die hierarchische Kirche in diesem Bereich allein qualifiziert zur endgültigen Unterscheidung? (Nr. 50).
4. Zeigt die „befreienden" Wirkungen auf, die jede Anteilnahme bereits auf der Ebene menschlicher Psychologie auslöst, unabhängig von jeglicher Dämonenaustreibung (Nr. 49).

Bitten wir den Herren, er möge uns tief in der Wurzel umformen zu ganzen Christen:

Herr, unser Gott, das Sakrament, das wir empfangen haben,
verleihe uns die Heilung, die du allein geben kannst.
Es entreiße unsere Herzen
dem Bösen bis in die Wurzeln,
es schütze und stärke uns auf immer.

Nach dem Schlußgebet vom Mittwoch der fünften Fastenwoche

XI. Kapitel

ERNEUERUNG UND TEUFELSAUSTREIBUNG: PSYCHOLOGISCHE BEMERKUNGEN

Setzen wir die Analyse dieser Sitzungen fort, doch nicht mehr vom theologischen, sondern vom psychologischen Gesichtspunkt aus. Auch auf dieser Ebene gilt es mit äußerster Klugheit vorzugehen; denn man berührt hier das Tiefinnere der „zu befreienden" Person.

Heben wir zwei besonders neuralgische Punkte heraus:

– Der erste liegt im Vorfeld und betrifft die Schwierigkeit der Diagnostik.

– Der zweite betrifft die psychologischen Klippen, denen man ausgesetzt ist in bezug auf den „zu befreienden" Menschen wie auf den „Exorzisten".

1. Schwierigkeiten der Diagnostik

51 Erste Schwierigkeit: Aufstellung einer endgültigen Diagnose.

Wie kann man tatsächlich mit Sicherheit wissen, daß ein diabolischer Einfluß am Werk ist? Niemand hat davon eine unmittelbare Einsicht: als geistige Wesen – wir sagten es – entziehen sich die Dämonen unseren Kategorien und der empirischen Beobachtung.

Es kann sich also nur um Mutmaßungen handeln. Wir haben hier nicht die verschiedenen äußeren Erscheinungen zu beschreiben, die im Lauf der Zeiten und je nach den verschiedenen Kulturen als Äußerungen diabolischer Gegenwart ausgelegt worden sind.

Man kann aber heute die Erkenntnisse der Wissenschaft nicht vernachlässigen, will man sich nicht der Naivität und Leichtgläubigkeit schuldig machen.

Mehr als einmal habe ich in gewissen Kreisen, die zu

mißbräuchlichen Befreiungspraktiken hinneigen, eine erstaunliche Unkenntnis darüber festgestellt.

Es liegt viel daran, die Glaubwürdigkeit unversehrt zu bewahren; sonst würde sie völlig aberkannt werden.

Pater de Tonquedec S.J., tüchtiger Theologe und lange Jahre hindurch Exorzist der Diözese Paris, schrieb einst das Buch: *„Les maladies nerveuses ou mentales et les manifestations diaboliques“*.[20] Es behält in der Frage, die uns hier beschäftigt, seine ganze Aktualität und kann nützliche Dienste leisten, um einerseits den zu warnen, der in einem sonderbaren Verhalten gerne ein unmittelbares Wirken des Teufels entdecken möchte, und ihn andererseits zu einem klugen Zweifel an seiner Diagnose zu führen.

Er weist auf eine gewisse Zahl von Symptomen hin, die gleich sind bei der Neurose – vor allem bei der Psychoasthenie, der Hysterie und gewissen Formen der Epilepsie – und bei der wirklichen Besessenheit.

Die Persönlichkeitsspaltung, zumindest die partielle, mit befremdenden Äußerungen, die zum Charakter des Betreffenden in Widerspruch stehen; ein noch so perverses Betragen, wilde und grobe Sitten gehören zur Krankheit und sind als solche kein Hinweis auf diabolische Einwirkung.

Beim Hysteriker, der sich als Werkzeug Satans aufführt, zeigen sich Abscheu vor religiösen Gegenständen, Geschmack am Bösen, unflätige Worte, schamloses Benehmen, heftige Erregungen usw.[21]

Die Psychopathologie kennt eine ganze Skala von Delirien, die Zoopathie eingeschlossen, das heißt die Annahme, in den Eingeweiden sei ein Tier.

Der sehr sonderbare Charakter dieser Krankheiten kann zu der Meinung verführen, diese Abirrungen seien diabolischen Ursprungs und verlangten als Heilmittel den Exorzismus der Befreiung.

Niemand wird versucht sein, den Exorzismus anzuraten, wenn es um Krebs oder Leukämie geht, weil eben hier die Phantasie von deren Symptomen nicht gereizt wird. Ebensowenig sollte man von seltsamen Äußerungen bei Nervenkrankheiten ohne weiteres auf dämonische Einflüsse schließen.

52 Die Vernachlässigung wissenschaftlicher Gegebenheiten hieße die enge Verbindung zwischen Gnade und Natur mißachten. Der hl. Thomas hat diesen Zusammenhang häufig betont, indem er sagte, daß die Gnade die Natur nicht zerstört, sondern vollendet und vervollkommnet. Im Gegensatz zu Tendenzen aus der Reformation betrachtet die Kirche die Natur nicht als in sich ganz verdorben oder verwundet.

Das übernatürliche Charisma der Unterscheidung, das eine Gabe Gottes ist, darf bei dieser Sachlage die kritische menschliche Intelligenz nicht vernachlässigen, die ebenso, wie die ganze Schöpfung, eine Gabe Gottes ist: die Gaben Gottes ergänzen sich gegenseitig.

Man darf sich also nicht auf das Kriterium der Unterscheidung als eines Charismas berufen, um sich über die Beachtung dieser menschlichen Gegebenheiten hinwegzusetzen und sich direkt auf den Heiligen Geist zu berufen, ohne auf die Unterscheidungsbefugnis der Kirche zu achten. Im allgemeinen wird die Unterscheidung, auf die man sich beruft, die einer Gruppe und nicht eines isolierten Individuums sein. Aber das genügt nicht.

Es ist verständlich, daß nichtkatholische Christen die Unterscheidung in Gemeinschaft als letztes Kriterium ansehen. Unser Glaube geht aber weiter und läßt uns das Geheimnis der Kirche erkennen, wie der Meister sie gegründet hat.

Christus wollte eine apostolische Kirche, und diese lebt in der apostolischen Nachfolge der Bischöfe fort durch die Jahrhunderte hindurch. Das letzte Urteil steht den Bischöfen zu und, in Gemeinschaft mit ihnen, den Helfern im Apostolat, gegebenenfalls auch den von ihnen Beauftragten. Vor der

Entscheidung werden sie sich in gebotener Weise von den Gläubigen Aufklärung geben lassen, in vollem Vertrauen und voller Offenheit.

Auch das Wort „discernement“[22] gehört zu jenen verfänglichen Worten, welche die Theologie klären muß, soll die gravierende Mehrdeutigkeit aufhören.

2. Psychologische Gefahren für den „zu befreienden“ Menschen

53 Selbst unter der Voraussetzung, daß die „Befreiung“ von einer Gruppe vollzogen wird mit Weisheit und Unterscheidungsvermögen, darf man die psychologischen Auswirkungen in dem „zu befreienden“ Menschen nicht übersehen. Normalerweise hat sich dieser davon überzeugt oder ist überzeugt worden, daß seine Störungen auf Einflüsse des Bösen zurückzuführen sind.

Von daher besteht für ihn die Gefahr verschiedenartiger Komplexe; zunächst die Gefahr, daß er in seinem Selbstverständnis ein Trauma erleidet. Er betrachtet sich wie mit furchtbaren Ketten gefesselt und als ein Opfer schädlicher Einflüsse, die – ganz oder teilweise – sich seiner Verantwortung und Freiheit entziehen.

Es ist eine wirkliche Gefahr, sich auf diese Weise aus der Verantwortung mehr oder weniger entlassen zu glauben. Von daher kann die persönliche Mitarbeit an der Heilung stark vermindert werden.

Es ist immer gravierend, wenn man jemand in Minderwertigkeitskomplexe gegen sich selbst versetzt und seine Aktions- und Reaktionsfähigkeiten in seinen eigenen Augen herabsetzt.

Es wären auch die Beweggründe näher zu untersuchen, die einen „Patienten“ dazu treiben, um „Befreiung“ zu bitten. Es könnte die Versuchung sein, nach einem raschen Mittel zu greifen, das von einer mühsamen Aszese entbindet, ein kurzes Mittel, das außerhalb seiner selbst liegt.

Man muß auch berücksichtigen, daß hier das Phänomen der Massenansteckung ins Spiel kommen kann. Aus verschiedenen Ländern der Welt habe ich Zeugnisse erhalten, die dartun, daß die Bitten um Befreiung sich plötzlich häufen und daß ein „Exorzist" en vogue eine Menge anzieht.

3. Gefahren für die bei der Befreiung Verantwortlichen

54 Nach meiner Meinung liegt die größte Gefahr in dem Einfluß, den die bei der Befreiung Verantwortlichen auf die Person erlangen, die in den Exorzismus einwilligt.

Von einer solchen wurde verlangt – manchmal im Verlauf von zahlreichen Begegnungen –, daß sie ihre geheimsten inneren Schwierigkeiten enthülle. Man hat ihr Fragen gestellt, die darauf hinzielten, ihre Vergangenheit, ihre Störungen, ihre Gewissensbisse, ihre Ängste, Befürchtungen, ihre Haßgefühle ... bloßzulegen. Es wurde versucht, den oder die Dämonen zu identifizieren, die man am Ursprung von all dem glaubte, und man benannte sie, einen um den andern, um sie auszutreiben.

Wer darin einwilligt, empfindet normalerweise eine tiefe Dankbarkeit für seine „Befreier" und ist bereit, ihre Ratschläge und Anregungen für die Zukunft fast blindlings zu befolgen.

Die Gefahr der – gewiß unfreiwilligen – Manipulation des fremden Gewissens ist keineswegs nur eingebildet.

Die Kirche hat ihrerseits immer darüber gewacht, daß das Geheimnis und die Freiheit der Gewissen in den Regeln, die sie für die religiösen Gemeinschaften approbierte, gewahrt bleiben.

Diese jahrhundertealte Weisheit erinnert uns daran, daß es Schranken gibt, die nicht überstiegen werden dürfen, und daß die persönliche Verantwortung unveräußerlich bleiben muß.

Zur Reflexion und zum Austausch

1. Welche Rolle hat in unserer Frage die menschliche Wissenschaft, vor allem die Medizin? (Nr. 51).
2. Was bedeutet in unserem Fall der theologische Satz: „Die Gnade zerstört nicht die Natur“? (Nr. 52).
3. Der Dienst der „Befreiung“ trägt in sich die Gefahr, die Gewissensfreiheit zu verletzen und einen ungebührlichen Einfluß auf einen andern Menschen auszuüben. Untersucht diese Gefahren.
4. Warum ist der sogenannte „Befreiungs“-Dienst in vielen Fällen eine wirkliche Ausübung des Exorzismus?

Im Bereich des Unsichtbaren haben wir nur eine Sicherheit: die der Gegenwart des Herrn gerade mitten in unserem geistlichen Kampf. Vereinigen wir unser Gebet mit dem der Kirche:

Unsichtbarer Gott, dein Licht ist in die Welt gekommen
und hat die Finsternis überwunden.
Sieh gnädig auf uns
und laß uns die Herrlichkeit der Geburt Christi
mit würdigem Lob feiern.

Tagesgebet vom 29. Dezember in der Weihnachtsoktav

DRITTER TEIL
DIE ERNEUERUNG IM HERZEN DER KIRCHE

XII. Kapitel

DIE NOTWENDIGEN HARMONISIERUNGEN

55 Der Augenblick ist gekommen, den zweiten Teil unserer Darlegung mit dem ersten zu verbinden, d.h. die tiefe Einheit zwischen der Erneuerung und dem Geheimnis der Kirche herzustellen und die notwendigen Zusammenhänge aufzuzeigen. Jede Gegensätzlichkeit zwischen einer Kirche, die charismatisch wäre, und einer andern, die institutionell wäre, muß vermieden werden. In einer Fastenpredigt in Notre-Dame von Paris sagte kürzlich Kardinal Etchegaray:

„Die Kirche ist ein Mysterium, um das man nicht herumgeht wie ein Spaziergänger; man muß eintreten, ja vorbehaltlos eintauchen." Darum soll es in diesem dritten Teil gehen.

1. Die Notwendigkeit einer grundlegenden Harmonisierung

Hierarchie und Charisma kann man nicht in Gegensatz zueinander bringen, wie man auch das Werk des menschgewordenen Sohnes nicht in Gegensatz bringen kann zu dem des Heiligen Geistes, der jenes verwirklicht und fortführt. Die Kirche ist eine einzige Wirklichkeit: ihre institutionelle Dimension, sichtbar und sakramental, ist eins mit ihrer unsichtbaren Dimension, in der die verschiedenen Charismen des Heiligen Geistes ihren Platz haben.

Mit Recht hat Karl Rahner S.J. geschrieben und dabei nur die Tradition wiedergegeben:

„Das charismatische Element gehört zum Wesen der Kirche in gleich notwendiger und dauernder Weise wie der hierarchische Dienst und die Sakramente."

Die charismatische Wirklichkeit bildet mit der Kirche in der ihr eigenen Struktur eine Einheit; das Charismatische ist nicht eine Art späterer Zusatz, so als bräuchte die institutionelle Kirche nachträglich eine seelische Ergänzung und antreibende Dynamik.

Den Heiligen Geist müssen wir bereits im Herzen der Ämter entdecken, welche die Kirche bei den Weihen verleiht.

Als ich Diakon wurde, sagte der weihende Bischof zu mir: „Empfange den Heiligen Geist, damit er deine Stärke sei und dir helfe, dem Teufel und seinen Versuchungen zu widerstehen." Eine für die Ohren von heute seltsame Formulierung. Und dennoch...

Als ich Priester wurde, sagte der Bischof zu mir: „Empfange den Heiligen Geist, wem du die Sünden nachlassen wirst, dem sind sie nachgelassen."

Und am Tag meiner Bischofsweihe schließlich sagte der weihende Bischof ohne einen Zusatz zu mir: „Empfange den Heiligen Geist."

Wir Diakone, Priester, Bischöfe sind also wirklich die Erben einer gleichen Verheißung Jesu, wir sind allesamt, doch jeder in gegenseitiger Ergänzung und entsprechend seiner Weihestufe, die Gesalbten des Geistes.

Der Unterschied zu jenen, die aus der freien Verfügung des Geistes Charismen empfangen und ausüben, liegt darin, daß deren Charismen nicht von Dauer sind. Die Dienst-Charismen, welche zur Struktur der Kirche gehören, sind dafür da, daß sich die gesamte Kirche im Heiligen Geist entfalten kann.

Freilich sind auf der menschlichen Ebene Spannungen möglich zwischen diesen beiden Aspekten ein und derselben Kirche, weil sie Gestalt annehmen im Leben der Menschen und wir unsere Schätze in zerbrechlichen Gefäßen tragen. Doch wäre ein großer Schritt getan im Erneuerungsprozeß der Kirche, wenn wir uns alle bewußt wären, wie notwendig und lebenswichtig es ist, daß wir uns gegenseitig ergänzen.

Dann wäre es undenkbar, daß ein Seelsorgsdienst der „Befreiung" und ebenso eine Dämonenlehre am Rande der hierarchischen Kirche entstehen und sich auf einem parallelen Geleise entfalten könnte.

Kein Gläubiger wird dieses Prinzip bestreiten, es geht aber darum, ihm Leben zu verleihen. Das verlangt Öffnung und Vertrauen von seiten der Leiter der Erneuerung, Bereitschaft zum Aufnehmen und Hören von seiten der katholischen Autoritäten, welche beauftragt sind, auf diese Integration zu achten.

56 Meinen Brüdern im Bischofs- und Priesteramt möchte ich, bescheiden, aber mutig, gern folgendes sagen:

Geht an der Gnade der Erneuerung nicht vorbei, ohne ihren Sinn und ihre Reichtümer zu fassen, sowohl für euch selbst wie für eure Sendung. Der Heilige Geist ist auf vielfältige Weise am Werk, und niemand kann das Monopol seines Wirkens in Anspruch nehmen. Wir müssen hingegen mit Paul VI. anerkennen, daß die Erneuerung „eine Chance für die Kirche" ist, und mit Johannes Paul II., daß „sie eine Chance ist, die sich unter unsern Augen verwirklicht", wie er nunmehr urteilt, nachdem einige Jahre vergangen sind.

Die Mängel der Menschen dürfen uns die Weite und Tiefe der Gnade, die sich unserer Freiheit anbietet, nicht verbergen. Die derzeitige Bewegung des Heiligen Geistes erfaßt zahlreiche Gebiete unserer Seelsorge. Beurteilen wir sie nicht von außen! Man versteht sie nur von innen her, und ich wage zu sagen: nur aus der persönlichen Erfahrung, indem man bereit ist, selber die neue Ausgießung des Geistes zu erfahren, der die Seele von allem ist.

Ladet Zeugen zu euch ein, welche dieses persönliche Pfingsten leben, damit sie euch sagen, was diese tiefe Gnade einer zweiten Bekehrung für sie bedeutet hat. Diese Zeugen werdet ihr finden in allen Ländern, in allen sozialen Schichten, sowohl in der Welt der Laien als in jener der Priester, Ordensleute, Bischöfe. Ich habe versucht, mein eigenes Zeugnis abzulegen im 12. Kapitel meines Buches „Une nouvelle Pentecôte?"[23] Hinter den Titel habe ich ein Fragezeichen gesetzt, das nur wegfallen kann durch eure Annahme und eure aktive Unterstützung.

2. *Einladung an die Verantwortlichen der Erneuerung*

57 Nun wende ich mich an die Verantwortlichen der Erneuerung.

Ich weiß, daß der Dialog mit der Autorität auf der Ebene der Personen und der konkreten Situationen bisweilen schwierig sein kann, auf der einen wie auf der andern Seite. Einen Ausweg finden wir nur, wenn wir das Geheimnis der auf die Apostel und ihre Nachfolger gegründeten Kirche im Geist des Glaubens annehmen.

Der Kontakt- oder Vertrauensmangel hat dazu geführt, daß an zahlreichen Orten die Befreiungspraxis Eingang gefunden hat, ohne sich die notwendigen kirchlichen Weisungen und Garantien zunutze zu machen.

Für den Gläubigen ist die Kirche die einzige autorisierte Interpretin, die in letzter Instanz die Wege und das Wirken des Geistes unterscheidet. Da Paulus auf dem Weg nach Damaskus in einer lichtvollen Vision dem Herrn Jesus begegnet, gibt ihm der Herr keine direkten Anweisungen, sondern fordert ihn auf, zu Ananias zu gehen, der ihm den Willen des Meisters kundtun werde.

Für jeden Gläubigen, wie immer seine Vision oder persönliche Offenbarung sei, heißt Ananias heute der Bischof der Ortskirche, in Verbindung und Gemeinschaft mit dem Bischof von Rom, dem obersten Hüter der Einheit. Man hat den Bischof definiert als denjenigen, „der das Charisma hat, die Charismen zu unterscheiden. Das setzt natürlich voraus, daß er gebührend unterrichtet sei und die Unterscheidungselemente in Händen habe, aber seine Rolle ist lebensnotwendig, wenn nicht die Erneuerung in eine Sekte abgleiten und das Schwärmertum das Gesetz diktieren soll“.[24]

58 Der äußerst geheime oder verschwiegene Charakter der Befreiungspraktiken hat trotz der lobenswerten Absichten eine Atmosphäre erzeugt, die nicht gesund ist und nicht andauern sollte.

Man muß die Furcht überwinden, daß der Bischof sie

verbieten könnte ohne vorausgehende Prüfung oder ohne ausreichenden Dialog. Man muß ihn einladen, das zu untersuchen oder untersuchen zu lassen, was bei diesen Zusammenkünften zur Befreiung geschieht.

Ich selbst habe als wohlwollender und aufmerksamer Beobachter an derartigen Sitzungen teilgenommen, um mir ein klares Bild machen zu können. Ich war bewegt von dem Mitleiden, das die „Exorzisten" an den Tag legten, und von ihrer offenkundigen Liebe zu dem Menschen, der befreit werden sollte, doch hatte ich ein sehr ungutes Gefühl angesichts der Schwierigkeiten, denen man nicht entgeht und auf die ich in den Kapiteln X und XI hingewiesen habe.

Es wäre ungerecht, die Erneuerung zu beschuldigen, sie sei in einen „vorbehaltenen" Bereich eingedrungen, wird doch grundsätzlich anerkannt, daß man sich nicht auf feierliche Exorzismen einlasse. Aber die Abgrenzunglinie als solche schafft Probleme; wir sagten es schon.

Es ist dringend nötig, daß diese Linie gezogen wird. Allein die Autorität der Kirche ist imstande, das für ihre Gläubigen zu tun. Sie brauchen ihr Unterscheidungsvermögen, ihre Weisungen, ihre Vorbehaltsklauseln.

Sie brauchen auch die Erkenntnis, daß sie in direkter Verbindung mit der Tradition der Kirche stehen, wenn sie die Wirklichkeit der Kräfte des Bösen betonen.

Den Verantwortlichen der Erneuerung möchte ich in aller Offenheit und Freundschaft sagen: „Habt keine Angst, euch von euren Bischöfen leiten zu lassen; teilt eure Erfahrungen mit in dem Wissen, daß Erfahrungen nicht das oberste Kriterium sind und daß sie geklärt werden müssen im Lichte des Glaubens und der Tradition der Kirche. Bemüht euch sorgfältig, die Sprache der Kirche zu sprechen, die unsere Muttersprache ist, und steht mit ihr im Einklang. Das bekannte Wort „sentire cum ecclesia – mit der Kirche fühlen" sagt etwas Wichtiges. Schon am Tonfall muß man euch erkennen, und ihr sollt keine Sprache mit fremdartigen Wendungen sprechen.

Vermeidet jegliches Grenzgängertum, jede Esoterik, jede Gnosis, denen vielleicht Hirten ohne Mandat „im Namen ihrer Erfahrung“ Geltung verschaffen möchten. Lest nochmals, was hier gesagt wurde über unsere zwangsläufige und unvermeidliche Unkenntnis in all dem, was das Reich der Finsternis betrifft, und hütet euch vor allzu selbstsicheren Behauptungen. Der Dialog wird um so fruchtbarer sein, je mehr der Bischof spürt, daß ihr auch zum Hören bereit seid.

Eure Erfahrung mit dem Gebet der Heilung, besonders mit der inneren Heilung wird wertvolle Dienste leisten, um ein Charisma wieder zu beleben, das der Urkirche so vertraut war und das zu unserem christlichen Erbe gehört.

Ihr habt zu geben und zu empfangen, zum Wohl der Kirche.

3. Einladung an die Verantwortlichen der Kirche

Wir sind von einem großen Seelsorgsproblem herausgefordert, zunächst wegen der Erneuerung, die es zu führen gilt, aber auch wegen der Faszination, die auf unsere Zeitgenossen ausgeht von allem, was direkt oder indirekt mit Dingen zu tun hat wie: Satanismus, Okkultismus, Hellseherei, Magie, Spiritismus, Parapsychologie...

Es geht darum, einen Weg vorzuzeichnen, der in gleicher Weise Distanz wahrt zu einem übertriebenen Dämonismus wie zu einem Rationalismus, der sich über die Probleme mit Verachtung und Überheblichkeit hinwegsetzt.

Hier also einige Punkte, die nach meiner Ansicht unsere gemeinsame Aufmerksamkeit finden sollten.

a) Notwendigkeit einer ungekürzten theologischen Lehre

59 Die lehrende Kirche ist verpflichtet, auf verschiedenen Ebenen die Gläubigen von heute klar und deutlich darauf

aufmerksam zu machen – wie Paul VI. es getan hat –, daß die Existenz des Teufels und sein heimtückischer und vielgestaltiger Einfluß kein Mythos ist und daß wir nicht das Recht haben, das Evangelium dem Tagesgeschmack anzugleichen durch Verkürzung.

Das schließt auch ein, daß das christliche Volk aufgeklärt werde über den geistlichen Kampf, den wir in uns selbst und in der Umwelt gegen die Kräfte des Bösen zu führen haben. Um den Feind zu bekämpfen, muß man zumindest seine starken Stellungen und seine bevorzugten Kampfplätze kennen. Man erinnert sich an das Wort von Pius X., daß die Macht des Bösen in der Schwäche der Guten besteht.

Es ist auch nötig, daß unsere Unterweisung nicht schweige von all dem, was das konkrete Wirken des Heiligen Geistes und besonders die Charismen angeht. Das II. Vatikanische Konzil hat in prophetischer Weise und zum Nutzen aller daran erinnert, daß die Charismen nicht nur der Urkirche angehörten, sondern daß sie, heute wie gestern, wesentlicher Teil unseres christlichen Erbes sind. Und unter diesen Charismen bedarf jenes, aus dem der Dienst der Heilung, vor allem der inneren Heilung, entstanden ist, eines feinen und unentbehrlichen Unterscheidungsvermögens hinsichtlich der Lehre und der Seelsorge. Und dabei wird der „Dienst der Befreiung“ ganz natürlich die erforderliche Erhellung finden.

b) Notwendige Überprüfung der Kriterien des Rituale Romanum

60 Eine zweite, mehr begrenzte, doch gleichfalls sehr dringende Aufgabe verpflichtet uns, das Feld der Befreiungspraxis, wie es sich vor unseren Augen entwickelt, in der Seelsorge nicht brachliegen zu lassen. Für das Wohl der Kirche wie für die Glaubwürdigkeit der Erneuerung auf Weltebene ist es unverzichtbar, daß hier Wege gebahnt werden und eine helle

Signalanlage ihre Sicherheit gewährleiste. Die Straßenverkehrsordnung aufstellen, den Führerschein ausgeben oder den Sicherheitsgurt zur Pflicht machen, das tun nicht die Straßenbenützer. Diesen Dienst müssen wir Bischöfe leisten, die Verantwortlichen für die Kirche.

Von dieser Sicht her sollten die Kriterien des Rituale Romanum, dessen Anfänge in das Jahr 1614 zurückgehen, neu überprüft werden; zumindest jene, welche das Erkennen eines Falles von Besessenheit ermöglichen sollten. Diese Kriterien sind heute ungenügend und müssen verfeinert und mit parapsychischen Phänomenen konfrontiert werden, zum Beispiel mit der Telepathie. Solche Erscheinungen haben nichts Teuflisches an sich und können erstaunliche Tatsachen aufzeigen.[25]

Niemand kann übersehen, was uns die Wissenschaft im Bereich der Psychologie, der Parapsychologie und der außersinnlichen Phänomene gelehrt hat. Die Erforschung des Gebietes des Unbewußten wie der Fortschritt der Medizin haben Aspekte des menschlichen Verhaltens, die gestern noch unbekannt waren, an den Tag gebracht. Und man kann voraussehen, daß in Zukunft weitere Entdeckungen das Wissen vom Menschen und die Lehre von seinen Verhaltensweisen bereichern werden.

Die Grenzlinie zwischen dem Gebiet des Natürlichen und dem des Außernatürlichen wird immer geringer. Das will nicht heißen, daß sie ganz verschwinden wird, doch wird sie anders und anderswo verlaufen.

61 Gegenüber diesen fremdartigen Phänomenen kann man drei Haltungen einnehmen:

Die *erste* führt alles zurück auf Erscheinungen der psychischen, parapsychischen oder sozialkulturellen Ordnung und schließt jede andere Erklärung aus. Das ist zur Zeit die klassische Position der wissenschaftlichen Welt, und leider wird sie heute von sehr vielen Christen übernommen.

Die *zweite* betrachtet diese Phänomene als offenkundige Äußerungen diabolischen Wirkens. Dabei geht diese Deutung aus von gewissen Symptomen, die man glaubt beurteilen zu können durch eine Art unmittelbarer Einsicht oder innerer Offenbarung.

Es ist aber auch eine *dritte* Haltung möglich: sie erkennt in diesen „Besessenen“ Fälle der psychischen, parapsychischen oder psychopathologischen Ordnung, wobei aber die Möglichkeit offengelassen wird, daß auch hier böse Einflüsse der geistigen Ordnung, verbunden oder getrennt, eine Rolle spielen und mit dem krankhaften Verhalten zusammenwirken.

Wenn ein Phänomen mit unseren wissenschaftlichen Kategorien erklärt werden kann, darf deshalb die Möglichkeit der Deutung von einer anderen Ordnung her und auf einer anderen Ebene nicht ausgeschlossen werden.

Dem Wissenschaftler, der Christ ist, muß man in Erinnerung rufen, daß es Wirklichkeiten und Dimensionen gibt, die sich seiner experimentellen Prüfung entziehen, und daß im übrigen die wissenschaftliche Objektivität nicht gestattet, bei der Interpretation von Phänomenen eine Exklusivdeutung zu beanspruchen.

Dem Christen hingegen, der alle diese Gegebenheiten und die wissenschaftlichen Errungenschaften nicht kennt, muß gesagt werden, daß der kritische Geist auch eine Gabe Gottes ist und daß naive Arglosigkeit keine Tugend ist, die mit dem Glauben gleichgesetzt werden darf.

Allein eine Revision des Rituale Romanum könnte jedes voreilige Urteil, das auf heute unangemessenen Kriterien fußt, vermeiden helfen. Diese Revision ist um so dringender, als einige von denen, welche die „Befreiung“ praktizieren, sich auf diese Kriterien stützen, um ungebührlich die Fälle zu vermehren, welche, wie sie meinen, von der Nächstenliebe her ihren Eingriff fordern. Man muß ihnen dieses Argument nehmen, das scheinbar die Rechtgläubigkeit auf ihre Seite stellt und das sie veranlaßt, diejenigen als unkirchlich und naturalistisch abzuwerten, die zu Mäßigung und Zurückhaltung mahnen.

c) Notwendigkeit einer neuen Pastoral im Bereich des Exorzismus

62 Als drittes erweist sich notwendig, eine neue Pastoral im Bereich des Exorzismus festzulegen, mit welchem Etikett auch immer man ihn bezeichnen mag. Sobald es um direkte Aufforderung an den oder an die Dämonen geht, um Befehl oder Beschwörung, ist es zu ihrer Austreibung nötig, daß die Kirche entsprechende Regeln aufstellt, die zu beobachten sind. Der Codex hat die Fälle von Besessenheit dem Bischof vorbehalten, aber alles, was „diesseits" davon liegt, ist vage und unscharf geblieben. Im übrigen besteht, wie schon erwähnt, überhaupt keine Einheit im Vokabular.

Um eine nützliche Klarstellung herbeizuführen, sollte man unter anderem die Fachbezeichnungen festlegen und deutlich den Unterschied machen zwischen dem *Gebet* um Befreiung und dem *Exorzismus* der Befreiung durch *direkte Aufforderung an den Dämon.*

Das *Gebet um Befreiung* wendet sich wie jedes Gebet an Gott. Die Schlußbitte des Vaterunsers „erlöse uns von dem Bösen" ist das Gebet um Befreiung schlechthin. Es ist allen zugänglich und gehört zu unserem geistlichen Erbe. Wir sollten diese letzte Vaterunserbitte aufwerten und ihr alle ihre Dimensionen und ihren Realismus geben.

Der *Exorzismus der Befreiung* hingegen stellt ein schweres pastorales Problem dar. Die Kirche hat gesetzlich verfügt, daß alle Fälle von teuflischer Besessenheit ausschließlich dem Urteil des Bischofs vorbehalten sind. Aber sie hat bis heute keine Grenzlinie gezogen zu jenen Formen von Exorzismus, die nicht die eigentliche Besessenheit betreffen.

Ich weiß, daß in verschiedenen Ländern Bischöfe oder Bischofskonferenzen sich mit der Frage befaßt haben. Einige haben sogar darum gebeten, man solle die Durchführung von Exorzismen vorerst ruhen lassen, bis Verhaltensregeln festgelegt seien. Es ist verständlich, daß es neben einer allgemeingültigen Orientierung Varianten geben kann, die dem jeweils unterschiedlichen soziologischen Umfeld Rechnung tragen. Das wird dort der Fall sein, wo das Problem kompliziert wird wegen eines animistischen Volksglaubens oder wegen der Rolle, welche bei diesen Völkern die Totengeister, die Hexerei und dergleichen spielen.

Bekanntlich sieht das neue Taufrituale eine andere Form der Absage an das Böse vor für jene Taufbewerber, die aus dem Heidentum kommen (Instructio 65 § 2, S. 79–80).

Angesichts der Notwendigkeit, die Christen vor der Inflation auf diesem Gebiet zu schützen, scheint es mir nicht länger aufschiebbar, daß die verantwortlichen Autoritäten der Kirche auf lokaler oder weltweiter Ebene klar die Grenzen aufzeigen, die in der Praxis der Befreiung nicht überschritten werden dürfen.

d) Der dem Bischof vorbehaltene Exorzismus und die dementsprechende Stellung von Priestern und Laien

63 Auf diesem Gebiet scheint es mir von großer Wichtigkeit zu sein, daß dem Bischof oder seinem Beauftragten jede Form des Exorzismus vorbehalten sei, die versucht, den oder die Dämonen zu identifizieren und mit ihnen in Dialog zu treten durch direkte Anrede, durch Beschwörung und Befehl, um sie auszutreiben.

Diese Form des Exorzismus, die der oben beschriebenen Praxis zugrunde liegt, müßte, wie mir scheint, dem Urteil des Bischofs vorbehalten sein und dürfte ohne seine Zustimmung nicht durchgeführt werden.

Dieser Vorbehalt entspricht der Tradition und gilt auch für die Priester.

Früher gehörte das Exorzistat zu den niederen Weihen. Wenn nun ein künftiger Priester zum „Exorzisten" geweiht wurde, da wurde zwar gesagt, daß er die Vollmacht zum Exorzismus empfange, die Ausübung dieser Vollmacht aber vorbehalten bleibe.

Wenn das Exorzistat als niedere Weihe auch in Wegfall gekommen ist, so möchte ich doch bemerken, daß es keiner Bischofskonferenz verwehrt ist, in Rom um seine Wiedereinführung zu bitten. Ob das wünschenswert ist, weiß ich nicht, doch sollte die Möglichkeit zumindest geprüft werden und diese könnte auch qualifizierten Laien zugänglich sein.

Wie immer es um diese Frage stehen mag, mir scheint es sehr wichtig, daß der Bischof, mit der nötigen Kenntnis versehen, die Letztverantwortung übernehme und diese Art pastoraler Arbeit ausgewählten Priestern und kompetenten Laien anvertraue.

Eine solche Verantwortung wurde übrigens an verschiedenen Orten in der Welt von Bischöfen schon wahrgenommen. Kardinal Benelli zum Beispiel, der Erzbischof von Florenz, hat angesichts der allgemeinen schweren Mißbräuche, die mit der Erneuerung nichts zu tun hatten, im Jahr 1978 die Vollmacht zum Exorzismus öffentlich allen Priestern entzogen, die ihn unter verschiedenen Formen ausübten, und reservierte diese Vollmacht nur zwei Priestern, die eigens dafür beauftragt wurden.

64 Wenn ich nun vorschlage, dem Bischof nicht nur die Fälle von vermuteter teuflischer Besessenheit nach dem alten Recht vorzubehalten, sondern den Bereich auszuweiten auch auf den Verdacht eines spezifisch dämonischen Einflusses, möchte ich in keiner Weise den Platz und die Rolle des Laien in der Kirche antasten. Es ist normal, daß unterschieden werden muß zwischen einer Vollmacht, die jedem Christen zusteht, und der Ausübung dieser Vollmacht, die abhängig ist von den Verantwortlichen der Kirche.

Es handelt sich hier nicht um ein theologisches Problem über die Rolle der Laien, sondern um die Suche nach einer im Hinblick auf die entstandene Situation klugen Lösung.

Jeder Christ hat die Vollmacht zu taufen. Die Ausübung dieser Vollmacht behält sich die Kirche aber für äußerste Notfälle vor, und wenn ein solcher Notfall eingetreten ist, verlangt sie dann um der Ordnung willen, daß die Taufe gemeldet werde.

Jeder Christ, der seine Sünden vor Gott bereut und sich in einem Akt vollkommener Reue ihm zuwendet, erlangt Vergebung, aber er bleibt auf den Priester hinbezogen und muß seine Sünde beichten, was sich ergibt aus der spezifischen Sendung des Priesters.

Wenn zwei Getaufte heiraten, spenden sie sich durch das gegenseitige Jawort das Sakrament der Ehe. Gleichwohl stellt die Kirche aus pastoralen Gründen Regeln auf, nicht nur für die Erlaubtheit, sondern auch für die Gültigkeit. Durch seine Gegenwart gewährleistet der Priester die Einverleibung der christlichen Ehe in das Geheimnis der Kirche.

Ich greife diese wenigen Beispiele heraus, um die von mir angeregte Anwendung auf Fälle „von Exorzismus" zu erläutern. Jeder Getaufte hat grundsätzlich die Vollmacht dazu kraft der Verheißung des Herrn und seiner Gegenwart in ihm. Dennoch ist es der Norm entsprechend und heilsam, daß die Ausübung dieser Vollmacht von den Hirten der Kirche geregelt werde nach den Bedürfnissen und Notwendigkeiten einer angemessenen Seelsorge.

Das hat nichts mit Klerikalismus zu tun, es geht vielmehr um den einfachen Respekt vor einer Ordnung, die der Herr selbst einsetzte, als er den Hirten der Kirche Aufgabe und Funktion übertragen hat.

65 Zum Schluß möchte ich noch einen besonderen Punkt hervorheben. Um die Ausübung des direkten Exorzismus zu rechtfertigen, beruft man sich gelegentlich auf den nach Papst Leo XIII. benannten Exorzismus, der nach einem vielverbreiteten Text sowohl von Laien wie von Priestern gebetet werden könne.

Ich wollte die offizielle Meinung der Kirche über diesen Exorzismus von Leo XIII. in Erfahrung bringen und fragte bei der Glaubenskongregation an, welche Interpretation man ihm geben müsse. Kardinal Seper antwortete mir am 18. November 1981, kurz vor seinem Tod, daß der Exorzismus

Leos XIII. im Jahre 1925 ins Rituale Romanum aufgenommen worden sei mit der folgenden Anweisung:

„Dieser Exorzismus kann gebetet werden von den Bischöfen und von jenen Priestern, die von ihren Bischöfen autorisiert worden sind."

Er fügte hinzu, daß der Bischof von Città della Pieve im Jahr 1944 beim Heiligen Offizium angefragt habe, ob jeder Gläubige den erwähnten, unter dem Pontifikat von Leo XIII. veröffentlichten Exorzismus beten dürfe. Darauf habe das Heilige Offizium mit Nein geantwortet, „weil der Gebrauch dieses Exorzismus Anlaß zum Aberglauben gegeben habe und auch weil es kirchlichem Brauch entspreche, den Exorzismus den dazu autorisierten Dienern der Kirche vorzubehalten."

Ich weiß nicht, wie diese Art von Exorzismus in der Tat allen Gläubigen zugänglich werden konnte, mit einem weitverbreiteten Text und kirchlicher Druckerlaubnis. Dieser Mißstand ist ein Hinweis mehr, daß hier ein Seelsorgsproblem vorliegt, das in seiner Gesamtheit zu überprüfen und in vertiefter Weise zu klären ist.

Zur Reflexion und zum Austausch

1. Die ganze Kirche ist „charismatisch". Was ist der Sinn dieses Satzes, und welche Konsequenzen ergeben sich daraus für die Beziehungen zwischen der hierarchischen und der charismatischen Seite der Kirche? (Nr. 55).
2. Wie soll man sich den Dialog zwischen den Bischöfen und den Leitern der Erneuerung in der Praxis vorstellen? (Nr. 56 und 57).
3. Welche Reformen wären auf diesem Gebiet wünschenswert, vom seelsorglichem Gesichtspunkt aus und zum Wohl der ganzen Kirche? (Nr. 59–62).

4. Was ist der Sinn und die genaue Bedeutung des bischöflichen Vorbehaltes, der auf diesen Seiten gewünscht wird? (Nr. 63).

Mit der Einladung zum Fasten will uns die Kirche ausrüsten zum geistlichen Kampf. Mit ihr wollen wir beten:

Verleihe uns, Herr, durch ein heiliges Fasten,
uns in den geistlichen Kampf einzuüben.
Die Entsagung stärke uns zum Streit gegen den Geist des Bösen.

Aus den Gebeten vom Aschermittwoch

XIII. Kapitel
ABSCHLIESSENDE ÜBERLEGUNGEN

A. VOM OSTER-EREIGNIS HER

1. Ostern im Herzen unseres Glaubens

66 Das Christenum ist unauflöslich an das Geheimnis der österlichen Auferstehung gebunden.

Unsere gegenwärtige und zukünftige christliche Existenz beruht auf dieser fundamentalen Wirklichkeit unseres Glaubens. Hier geht es buchstäblich um eine Frage über Leben oder Tod.

Der Christ ist nicht einer, der in krankhaften Angstzuständen vor dem oder den Dämonen dahinlebt. Er glaubt an die Auferstehung des Herrn, an den Sieg des Lebens über den Tod, der Liebe über den Haß, der Wahrheit über die Lüge, des Lichtes über die Nacht.

„Wir sind ein österliches Volk, und unser Lied ist das Alleluja", sagte Johannes Paul II. zu den Schwarzen von Harlem.

Der Christ trennt die Phasen des Erlösungsgeheimnisses nicht voneinander ab: der Karfreitag ist für ihn der Preis für Ostern, wie Ostern die Öffnung ist zum Morgen des Pfingsttages. Er lebt aus diesem dreifachen Geheimnis. Es ist für ihn untrennbar.

Der Blick des Christen soll sich nicht auf den oder die Dämonen richten, als stünden sie im Vordergrund unserer Aufmerksamkeit. Die heilige Teresa von Avila sagte mit ihrem großartigen gesunden Menschenverstand: „Ich verstehe diese Ängste nicht, die uns rufen lassen: der Teufel, der Teufel!, wo wir doch rufen können: Gott, Gott!"

Der Kampf Christi gegen den „Widersacher" war ganz und

gar sieghaft. Seine Auferstehung beherrscht hinfort den Horizont wie die Mitternachtssonne. Auch wenn der Einfluß des Bösen noch nicht beseitigt ist und Wachsamkeit geboten bleibt, wissen wir doch, daß Gottes Reich unter uns ist.

Ich glaube an einen Vater von unendlicher, zärtlicher Liebe. Ich glaube an Jesus, unseren Heiland, der uns schon jetzt, in Ihm, zu Erben des Himmels gemacht hat. Ich glaube an den Heiligen Geist, dessen Anwesenheit uns eine Freude und einen Frieden sichert, die uns kein Mensch rauben kann. Mein Credo stellt mich auf die Gegenseite einer Religion der knechtischen Furcht, die verfinstert ist durch die Zwangsvorstellung von den Mächten des Bösen.

Man darf nicht vergessen, daß Ostern einen Sieg über den Dämon und das Böse markiert, und zwar so radikal, daß man das, was ich die Pastoral Jesu während seines Erdenlebens nennen möchte, nicht ohne weiteres auf sein glorreiches Leben übertragen kann.

In der Jetztzeit wirkt und handelt Christus auf andere Weise, vor allem durch die Sakramente, welche als große Ströme der Gnade die Eucharistie zur Mitte haben. Und all das auf der Ebene der ganzen Welt und nicht mehr im engen Rahmen von Palästina und nach den Bräuchen seiner Zeit. Man kann den Kampf Jesu gegen die Dämonen, wie er vor seiner Auferstehung stattfand, nicht einfach übertragen auf den Kampf, den er heute fortsetzt durch seinen Geist, in der Kraft und Macht seiner Auferstehung.

Diese Feststellung beseitigt die Gefahr einer fundamentalistischen Lektüre der Heiligen Schrift und jeglicher ungebührlichen Übertragung. Dadurch wird die Wirklichkeit der Heilungen und Dämonenaustreibungen durch Jesus nicht geleugnet, aber sie werden in Raum und Zeit eingeordnet, wobei uns das Bewußtsein leitet, daß wir in der Jetztzeit unter dem Zeichen eines errungenen Sieges und in der Erneuerung durch den Heiligen Geist leben.

In der Mitte unseres Glaubens steht nicht die Lehre von den Dämonen, sondern Christus in der Kraft des Heiligen

Geistes. Jede mißbräuchliche Betonung des Reiches der Finsternis verstößt schwer gegen das Gleichgewicht unseres christlichen Glaubens und widerspricht dem Evangelium, das gute Nachricht und befreiende Botschaft ist. Die raffinierteste Falle des Bösen besteht darin, daß er die Aufmerksamkeit auf sich selbst und sein Wirken lenkt und nicht auf Jesus, den Heiland der Welt.

Wir sind und bleiben für alle Zeiten Kinder des Lichtes.

2. Sieg aus der Eucharistie

67 Wenn wir viel Aufmerksamkeit darauf verwenden, die Dämonen anzusprechen und durch direkte Aufforderung auszutreiben, vergessen wir allzu leicht, daß dem Christen andere Hilfsmittel zur Verfügung stehen. Ich will hier nicht alles wiederholen, was über die Kirche als Sakrament des Heils gesagt worden ist. Wir müssen uns aber daran erinnern, daß jeder Christ im Kampf gegen die Kräfte der Finsternis über die Macht des Gebetes verfügt, das sich an Gott richtet und den Ostersieg des Herrn zur Geltung bringt. Als Jesus uns das Vaterunser lehrte, gab er uns das Beispiel schlechthin für ein Gebet, das von allem Übel erlöst. Es ist das bevorzugte Gebet, das der Meister seine Jünger für alle künftigen Zeiten gelehrt hat.

Man darf aber nicht weniger übersehen, daß eine befreiende Kraft auch aus den Sakramenten strömt, vor allem aus jeder Feier der Eucharistie, wenn wir ihre Werthaftigkeit und Bedeutung erfassen. Das ganze „Gloria in excelsis“ unserer Liturgie sollte in diesem Licht erklärt werden. Jedes Wort des „Gloria“ erinnert uns an die Ziele der Eucharistie, nämlich an die Anbetung, den Lobpreis, das Bitt- und Dankgebet und dadurch auch an den Sieg über die Mächte des Bösen als deren Gegenwelt. Gott anbeten und verherrlichen, das heißt schon sich lösen von den Fallstricken des Bösen, von jedem Götzendienst, der auf uns lauert und uns versklavt. Den Blick auf Gott hinwenden heißt schon, ihn von der Finsternis abwenden.

Und wenn sich unser Gebet mit einer Eucharistiefeier verbindet, dann kommt diese befreiende Kraft zur höchsten Auswirkung. Es erstaunt nicht, daß die dämonologischen Übertreibungen hauptsächlich aus Kreisen kommen, welche die Eucharistie nicht kennen.

Diese Verbindung zwischen Anbetung und Danksagung einerseits und der Niederlage des Feindes anderseits ist unseren Vätern im Glauben nicht entgangen. Schon im 2. Jahrhundert schrieb der hl. Ignatius von Antiochien an die Epheser: „Bemüht euch, häufig zusammenzukommen, um Gott zu danken und ihn zu preisen. Wenn ihr euch so zusammenfindet, kommt die Macht Satans ins Wanken, und vor eurem einmütigen Glauben bricht seine Bosheit zusammen" (Brief an die Epheser, Nr. 13–18).

3. Sieg aus dem Namen Jesu

68 Dieses österliche Bewußtsein tritt uns auf jeder Seite der Apostelgeschichte entgegen. Schon beim ersten Heilungswunder sagte Petrus zu dem Gelähmten, der am Tor des Tempels saß: „Silber und Gold besitze ich nicht. Doch was ich habe, das gebe ich dir: Im Namen Jesu Christi, des Nazaräers, steh auf und geh umher."

Dieser Name Jesu ist ein sieghafter Name. Als der Engel Joseph im Traum erschien, sagte er ihm, daß Maria einen Sohn gebären werde, und er fügt hinzu: „Du sollst ihm den Namen Jesus geben; denn er wird sein Volk von seinen Sünden erlösen."

Seinen Namen anrufen, das heißt schon, sich unter den Schutz gegen die Angriffe des Bösen stellen und Zuflucht nehmen zur Macht und Kraft der Auferstehung. „Es ist eine Kraft von mir ausgegangen", sagte Jesus einst zu der Frau, die den Saum seines Gewandes berührt hatte. Ja, auch eine

Kraft zur Stärkung, eine Kraft der Heilung und Ermutigung geht allein schon aus von der gläubigen Anrufung des Namens Jesu.

Unsere Vorfahren haben die Verehrung dieses Namens gepflegt. Ich für meinen Teil bedaure, daß die Litanei vom heiligsten Namen Jesu, die inhaltlich so reich ist, im abendländischen Christentum außer Gebrauch gekommen ist. Hingegen kann man nur mit Freude feststellen, daß das „Jesusgebet", dem christlichen Osten seit je vertraut, bei uns neuen Anklang gefunden hat. Dieses „Herzensgebet", das mit dem Rhythmus unseres Herzens den Namen Jesu in Einklang bringt, läßt uns in einem ständigen österlichen Klima leben und macht uns zu einem dauernden Glaubensbekenntnis an die zentrale Wahrheit unseres Credos, daß „in keinem anderen das Heil zu finden ist. Denn es ist uns Menschen kein anderer Name unter dem Himmel gegeben, durch den wir gerettet werden sollen" (Apg 4,12).

4. Gegenposition

69 Wenn man hingegen die Logik einer übertriebenen Dämonenlehre zu Ende führen würde, müßte man unseren Reaktionen gegen den Teufel einen solch breiten Raum überlassen, daß kein Ende abzusehen wäre.

Wenn der Teufel die Ursache unserer Krankheiten, Stimmungswechsel, Schwächen und Aggressionen, unserer verschiedensten Nöte wäre, müßten wir bei jeder Störung zur Gegenoffensive übergehen. Und warum sollte man dann nicht, wie vorgeschlagen wurde, jeden Tag einige Zeit den Gebeten um Befreiung oder der „Beschwörung" widmen? Und all das wäre in unseren Katechismen zu lehren, in unsere Seelsorge umzusetzen, in unsere Ordensregeln einzufügen, und vor der Zulassung zu Noviziat und Scholastikat wären Sitzungen zur Vornahme des Exorzismus anzuberaumen. Und warum nicht auch in unseren beratenden Gremien, auf allen Ebenen?

Ich breche diese Überlegungen hier ab: sie reichen aus, scheint mir, daß die dem Dämonismus zugrunde liegende „Theologie", die wir hier anprangern, überprüft werden muß. Nirgendwo im geistlichen Leben der Kirche findet man dieses Klima und diese Zwangsvorstellungen, und ihre Liturgie spricht eine ganz andere Sprache. In einer solchen Luft könnte man in der katholischen Kirche nicht atmen. Derartige esoterische Lehren und mißbräuchliche Praktiken würden aus unseren charismatischen Gruppen nur Randgruppen der großen Kirche machen, die abgeschnitten wären von ihrem belebenden Atem.

B. VON DER GESAMTKIRCHE HER

70 Angesichts der Mächte der Finsternis können und müssen wir uns einsenken in den Sieg Christi. Aber dieser Sieg ist nicht nur der Sieg Jesu Christi, des Hauptes der Kirche. Er leuchtet schon jetzt auf an seinem Leib, an den Heiligen des Himmels.

Das II. Vatikanische Konzil rief uns in Erinnerung, daß wir hier auf Erden eine pilgernde Kirche sind, mit all dem, was der Pilgerweg an Unsicherheiten, Mühen und Beschwerden mit sich bringt. Gleichzeitig hat es aber auch unsere Solidarität mit der triumphierenden Kirche betont, welche mit uns eine Einheit bildet in der geheimnisvollen und erhebenden Gemeinschaft der Heiligen (Lumen Gentium Nr. 8).

Es ist gut zu wissen, daß wir im Kampf gegen die Mächte des Bösen nicht uns selbst überlassen sind: wir leben in tiefer Einheit mit der Kirche des Himmels.

So finden wir die große biblische Vision wieder, die in der Herrlichkeit des Himmels Christus verbindet mit allen Erlösten, die mit ihm vereint bleiben auf ewig. In Ihm und durch

Ihn sind die Erlösten mehr denn je lebendig und uns nahe. Sie sind in der Tat die Überlebenden.

1. Maria und die Heiligen

71 Maria ist dabei in einzigartiger Weise „eschatologisches Bild der Kirche“, und mit ihr sind es die Engel und Heiligen. Die einzige Wirksamkeit der triumphierenden Kirche uns gegenüber ist gerade die Fürsprache bis zur Vollendung der Heilsgeschichte. Der heilige Paulus zeigt sie uns als einen „Kampf“ gegen die feindlichen Mächte und als eine dauernde Fürbitte (1 Kor 15, 24–28; Rö 8,34; und vor allem Hebr 7,25; 9,24; 10,13–14). In seinen geistlichen Übungen wünscht der hl. Ignatius, daß der Exerzitant sich Christus und den ganzen himmlischen Hof vorstelle, wie sie für ihn Fürbitte einlegen. Hier haben wir eine umfassende Vision, die wir in unserem heutigen Verhalten als Christen bisweilen vergessen oder verkürzt haben.

Die Tradition der Kirche und die Frömmigkeit der Gläubigen haben nicht aufgehört, die Rolle und den Platz Mariens in dieser Gemeinschaft der Fürbitte und in ihrer siegreichen Gegnerschaft zum Bösen anzuerkennen.

Der Kampf gegen den Geist des Bösen begann am Anfang der Welt durch die tiefe Feindschaft, die Gott zwischen der Frau und der Schlange gesetzt hat. Die Kirche hat in dieser Frau der Genesis Maria erkannt, die neue Eva, die Mutter der Lebenden. Die Christen aller Zeiten haben Zuflucht genommen zu ihrem Schutz.

Vereint mit ihrem Sohn im Geheimnis der Erlösung, bleibt Maria für immer in Beziehung mit der Fruchtbarkeit dieser Erlösung und bleibt sie betroffen von all dem, was sich ihr entgegensetzt.

Der Christ spürt instinktiv, daß Maria ein mächtiger Schutz gegen die Geister des Bösen ist und daß er in der tiefen Verbindung mit ihr eine Kraft findet zum Kampf gegen die

Versuchungen und gegen alles, was das Leben Jesu Christi in uns bedroht. Wenn der Christ in seelischer Verbindung mit Maria, mit ihren Lippen und mit ihrem Herzen den Namen ausspricht, „der größer ist als alle Namen, damit alle im Himmel, auf der Erde und unter der Erde ihre Knie beugen vor dem Namen Jesu" (Phil 2, 9–10), dann läßt er den Sieg Jesu Christi in einzigartiger Weise zur Wirkung kommen. Die geistige Verbindung mit Maria ist für uns, Gläubige der Kirche, ein Unterpfand der Immunität und Befreiung in dem geistlichen Kampf, den wir auf Erden zu führen haben, und in der Erwartung der Begegnung am Ende in der Herrlichkeit Gottes.

Wir verehren Maria im Himmel als Königin der Heiligen und der Engel.

2. *Die Engel*

72 Man muß den Christen von heute gleichfalls in Erinnerung rufen, daß wir auf Erden in Gemeinschaft mit den Engeln des Himmels leben. Ihre Sendung besteht auch darin, uns in dem geistlichen Kampf, der hier geführt wird, beizustehen. Würde man sie schweigend übergehen, käme unsere Aussage über die gefallenen Engel aus dem Gleichgewicht, und die Gesamtschau würde durch diese Unterlassung entstellt. Diese Schau ist lichtvoll; sie glaubt mit der Kirche, daß die Welt der Geister eine lebendige Wirklichkeit ist und daß die Engel darin eine zwar geheimnisvolle, uns aber sehr nahestehende Rolle spielen.

Die Kirche lehrt uns diese innige Verbundenheit mit der unsichtbaren Welt der Engel und mit jenem, den sie als deren Anführer ansieht: Sankt Michael. In ihrer Liturgie betet sie um den Schutz der Engel mit diesen Worten: „Gott, du ordnest alles mit Macht und Weisheit; Engeln und Menschen teilst du ihren Dienst zu. Gib, daß die Macht des Bösen nicht überhandnimmt, sondern sende deine heiligen Engel, die im

Himmel vor dir stehen, in diese Welt, damit sie uns vor allem Unheil schützen" (Tagesgebet am Fest der hll. Erzengel, 29. September).

Die Tradition sieht im heiligen Michael den Engel des Lichtes, den Hauptgegner Satans. Er ist es, der Gottes Herrschaft verteidigt: „Wer ist wie Gott?"

Früher haben wir ihn am Ende jeder Eucharistiefeier angerufen: „Heiliger Erzengel Michael, verteidige uns im Kampfe; gegen die Bosheit und die Nachstellungen des Teufels sei unser Schutz. ‚Gott gebiete ihm', so bitten wir flehentlich; du aber, Fürst der himmlischen Heerscharen, stoße den Satan und die andern bösen Geister... durch die Kraft Gottes hinab in die Hölle."

Es gibt Kraft, wenn man seine Verbündeten kennt und mit ihrer aufmerksamen Hilfe rechnen kann. Schon Bossuet hat das seinen Zeitgenossen in Erinnerung gerufen: „Ihr glaubt, nur mit Menschen in Beziehung zu stehen und nur sie zufriedenstellen zu müssen, als ob die Engel euch nichts angingen. Ihr Christen, legt diesen Irrtum ab! Es gibt eine unsichtbare Schar – die Engel –, die euch in Liebe verbunden sind."

Es gibt eine vertraute Vorstellung, die man in der Vätertradition häufig vorfindet. Diese sieht in den Schutzengeln, deren Geleite uns Gott anvertraut hat, eines der konkreten Zeichen seiner Vorsehung.

Die Welt der Engel, die in der Tradition der katholischen wie der orthodoxen Ostkirche in so reichem Maße gegenwärtig ist, hat in unserem täglichen Leben Heimatrecht. Mit ihrem schützenden Licht beleuchtet sie die finstere Welt jener Geister, mit denen wir im Kampf liegen, solange wir pilgernde Kirche sind.

Es wäre höchst wünschenswert, daß die in der Erneuerung vertretene theologische Lehre den Akzent setze auf die lichtvolle Gegenwart der Engel, und zwar aus Sorge um die Wahrheit und zugleich, um ein Gleichgewicht zu schaffen gegenüber dem, was bisweilen allzu aufdringlich und einseitig über die Mächte der Finsternis vorgetragen wird.

SCHLUSS

73 Da ich diese Seiten nun zu Ende schreibe, gestehe ich, daß ich an mich selbst eine Frage gestellt sehe; denn ich werde mir bewußt, daß ich im Laufe meines pastoralen Dienstes die Wirklichkeit der Mächte des Bösen, die in unserer gegenwärtigen Welt am Werke sind, und die Notwendigkeit des uns auferlegten geistlichen Kampfes nicht genug betont habe.

Es ist schwer, gegen den Strom zu rudern und dem Zeitgeist nicht zu unterliegen; um so mehr, als es in dieser heiklen Frage darum geht, zwischen Scylla und Charybdis, zwischen dem Zuwenig und dem Zuviel hindurchzusteuern. Einerseits ist die Existenz des Bösen nachdrücklich zu betonen, anderseits müssen wir einen österlichen, triumphierenden Glauben bekennen. Wir müssen dem Dienst der Befreiung einen Raum gewähren, ohne aber in die Übertreibungen zu verfallen, die wir aufzeigen mußten.

All das war, für mich zuerst, Anlaß zur Gewissenserforschung und Aufforderung zu einem lebendigen Glauben an die lichtvollen Wirklichkeiten unseres Glaubensgutes, zugleich aber auch an das Geheimnis der Bosheit, das in unserer moralisch absinkenden Welt nur zu wirklich ist. Auch das muß gesagt werden, selbst auf die Gefahr hin, bei jenen anzustoßen, die unbeugsam auf das natürliche Gutsein des Menschen und auf den Mythos vom „Fortschritt“ setzen.

74 Wenn ich mich jetzt an die Gläubigen wende, ob sie zur Erneuerung gehören oder nicht, so möchte ich ihnen die Gnade wünschen, das Geheimnis der Kirche immer tiefer zu entdecken. Wir stehen fortwährend in der Versuchung zu reduzieren, das heißt hier, die Kirche einer rein menschlichen Institution der Gesellschaft anzugleichen, die mehr oder weniger gut organisiert und auf der Höhe der Zeit ist. Wir dringen nicht ein in die ganze Tiefe ihres Mysteriums, wo sie uns erscheint als Verlängerung der irdischen Mission Jesu Christi.

Wir müssen dem Heiligen Geist innerhalb der Kirche begegnen. In ihr lenkt er uns nach dem Plan Gottes, der von Anfang an eine heilige, apostolische Kirche wollte. Die Apostel von heute sind die Bischöfe, eingesetzt von diesem Geist, um das christliche Volk zu leiten. Mit ihnen gute Beziehungen zu haben, genügt nicht. Wir befinden uns hier nicht auf dem Parkett der Höflichkeit oder der Diplomatie, sondern auf dem Boden des Glaubens. Er soll uns beseelen und zu kindlichem und vertrauendem Gehorsam bewegen.

In Erwartung von Richtlinien für den Bereich der „Befreiung", die hoffentlich nicht auf sich warten lassen, wünsche ich lebhaft, daß die internationale theologische Kommission helfe, das Gelände zu reinigen, den nach dem Belieben der Autoren schwankenden Wortschatz zu klären und eine Grenzlinie zu ziehen, an der sich die Seelsorge orientieren kann.

Und wie sollte man nicht wünschen, daß künftig am Ende von Zusammenkünften und Kongressen der Erneuerung nicht mehr Bücher, Broschüren oder Kassetten zum Verkauf angeboten werden, die nicht die authentische Meinung des lebendigen Lehramtes der Kirche wiedergeben! Auch sollte man sich vor jedem Pragmatismus hüten, der allzu leicht aus wohltuenden Wirkungen („it works") den Schluß zieht, die Ausübung des Dienstes der Befreiung sei legitim, wo er doch selbst ordnungsgemäß anerkannt sein muß.

75 Die Erneuerung ist eine kostbare Gnade, die der Kirche angeboten ist und viel beitragen kann zur geistlichen Wiedergeburt, derer die Welt dringend bedarf. Sie darf sich nicht isolieren oder sich am Rand ansiedeln. Der Saft steigt im Baum um so besser, je mehr dieser ihn mit seiner Rinde vor den Unbilden des Wetters schützt.

Ich habe auf dem zurückgelegten Weg auf Klippen hingewiesen, die um jeden Preis zu umgehen sind, damit wir nicht den Ränken des Bösen erliegen. Er versucht mit List, die Aufmerksamkeit der Christen auf sich selbst zu konzentrieren und dadurch ihren Blick vom strahlenden Antlitz des Erlösers abzulenken.

Dieses Buch wird sein Ziel erreicht haben, wenn wir das Gebet des Psalmisten mit all seinen Konsequenzen zu unserem eigenen machen:

„Ich suchte den Herrn, und er hat mich erhört,
er hat mich all meinen Ängsten entrissen.
Blickt auf zu ihm, so werdet ihr strahlen,
und euer Antlitz braucht nicht zu erröten."

Ps 33, 5–6.

Zur Reflexion und zum Austausch

1. Im Herzen unserer christlichen Religion ist Ostern. Welche Konsequenzen ergeben sich aus der Hervorhebung dieser Grundwahrheit in bezug auf den Kampf gegen die Mächte des Bösen? (Nr. 66).
2. Warum ist es wichtig, unseren kirchlichen Horizont auszuweiten auf die Dimensionen der triumphierenden Kirche? Haben wir die Gemeinschaft mit der Kirche und den Heiligen im Himmel bewahrt? Sind wir mit ihrem Leben und ihren Schriften vertraut? Was heißt „glauben mit dem Glauben der ganzen Kirche"? (Nr. 70).
3. Welches ist die hervorragende Stellung Mariens, der Mutter der Kirche, in dem geistlichen Kampf, den wir gegen die Mächte der Finsternis zu führen haben?
4. Die Liturgie der Kirche ist reich an Hinweisen auf die Engel. Wählt einige Texte aus, die den Christen von heute helfen können, sich ihrer wirksamen Gegenwart bewußt oder wieder bewußt zu werden.

Mit dem Gebet der Kirche bitten wir den Herrn, wahrhaftig Zeugen des Ostergeheimnisses zu sein, der Mitte unseres ganzen christlichen Lebens:

Allmächtiger Gott, du hast uns in den österlichen Sakramenten das Unterpfand der kommenden Herrlichkeit gegeben.
Hilf uns, den Sieg des Auferstandenen zu verkünden,
und laß die Fülle seiner Herrlichkeit
an uns offenbar werden, wenn er wiederkommt.

Tagesgebet vom Dienstag der zweiten Osterwoche

ANMERKUNGEN

1) le Mal, großgeschrieben, heißt: der Böse (vgl. „Les Fleurs du Mal"); le mal, kleingeschrieben, bezeichnet: das Böse (vgl. „. . . délivre-nous du mal"). Anm. des Übersetzers.
2) PAUL VI., Generalaudienz vom 15. 11. 72. Vgl. *Osservatore Romano,* deutschsprachige Ausgabe vom 24. 11. 72. – Herder Korrespondenz 27 (1973) 125–127.
3) Zitiert nach *Osservatore Romano,* deutschsprachige Ausgabe vom 11. 7. 1975.
4) ebd.
5) ebd.
6) ebd.
7) Vgl. DENZINGER Nr. 2294. – Vorliegender Text wurde nicht aus dem Französischen übersetzt, sondern dem „Amtl. Verordnungsblatt der Diözese Würzburg", Nr. 13 vom 21. 6. 1944 entnommen (Anm. des Übersetzers).
8) PÈRE GEORGES H. TAVARD, in *Holy Spirit or Holy Church,* London, Burns and Oates, 1959, S. 246.
9) J.-C. SAGNE O.P., *La Prière de délivrance et de raison,* in: *Tychique* (1980), Nr. 23.
10) Vgl. B. LONERGAN, *Insight,* 666 On basic evil London-New-York 1957.
11) KARL MENNINGER, M.D., *Whatever became of sin?* Hauthorn Books, New York, 1973.
12) L.-J. SUENENS, *Liebe und Selbstbeherrschung, ein Lebensproblem,* Otto Müller Verlag, Salzburg 1960, S. 31 f.
13) „Erlaubt ist, Belehrung selbst von der Nacht zu empfangen."
14) F.A. SULLIVAN, *The Pentecostal Movement,* offprint from Gegorianum (1972), Vol. 53, fasc. 2, S. 249. Siehe vom gleichen Verfasser das in Kürze erscheinende Buch mit dem Titel: Charisms and Charismatic Renewal, Ed. Servant Books, Ann Arbor.
15) R. QUEDEBAUX, *The New Charismatics,* New York, Doubleday 1976, S. 2.
16) Vgl. D. GEE, *Concerning Spiritual Gifts,* Springfield, Ed. Gospel Publishing House, 1972.
17) Ableitung vom lateinischen Wort „imprecatio" = Verwünschung, Verfluchung (vgl. die Fluchpsalmen). – „Deprecatio" = Bitte, Fürbitte (Anm. des Übersetzers).
18) Aus dem Lateinischen kommende Ausdrücke, übersetzbar mit: Angriff, Besessenheit, Unterdrückung, Versuchung (Anm. des Übersetzers).
19) „Mit diesem, also wegen diesem".
20) „Die Nerven- oder Geisteskrankheiten und die diabolischen Äußerungen."
21) DE TONQUEDEC, a.a.O. S. 23, 47, 82.
22) Ableitung vom lateinischen *discernere* = unterscheiden. Von diesem gebildet das Hauptwort *discretio,* das im lateinischen Bibeltext u.a. dort verwendet wird, wo Paulus vom Charisma der „Unterscheidung der Geister", der *discretio spirituum* spricht (1 Kor 12,10). Anm. des Übersetzers.
23) Deutsche Ausgabe: *„Hoffen im Geist – ein neues Pfingsten der Kirche",* Otto Müller Verlag, Salzburg 1974.
24) Hierzu wird die Broschüre nützlich sein: *Reconnaître l'Esprit* (Den Geist erkennen). Verfasser: P. JACQUES CUSTEAU und P. ROBERT MICHEL. Service du Renouveau charismatique catholique, Ed. Bellarmin, Montréal 1974.
25) Man kann über eine diesbezügliche Diskussion lesen in: *Satan,* Artikel: *L'Exorciste devant les manifestations diaboliques,* S. 328–350, von F.X. MAQUART und P. DE TONQUEDEC.

INHALTSVERZEICHNIS

Vorwort von Kardinal Ratzinger 5
Einleitung 9

ERSTER TEIL: KIRCHE UND MÄCHTE DER FINSTERNIS

I. Kapitel: Der Dämon, Mythos oder Wirklichkeit? .. 14
1. Der Glaube der Kirche 14
2. Der Dämon – Widersacher Gottes? 18
3. Jesus und der Dämon 20

II. Kapitel: Die Kirche, Echo und Interpretin des Wortes Gottes 22
1. Die Kirche in Lebensbeziehung mit dem Wort 22
2. Bibellesung in der Kirche 23
3. Die Ausdrucksformen des kirchlichen Glaubens 24
4. Die gegenseitige Ergänzung biblischer Texte .. 25
5. Altes und Neues Testament 25
6. Die Kirche als Interpretin des Markustextes: „Sie werden Dämonen austreiben" 27

III. Kapitel: Die Kirche und das „befreiende" sakramentale Leben 31
A. Im allgemeinen 31
1. Fortwährende Gegenwart Jesu Christi 31
2. Befreiende Gegenwart 32
3. Kein automatisches Wirken 33
B. Im besonderen 35
1. Die Taufe 35
2. Die Eucharistie 36
3. Das Bußsakrament 37
4. Die Krankensalbung 38
C. Die Sakramentalien 38

IV. Kapitel: Die Kirche gegenüber dem „Geheimnis der Bosheit“ 41
1. Die Sünde, der eigentliche Feind 41
2. Die Begehrlichkeit 42
3. Die Sünde aus den Strukturen 43
4. Der Mensch, der eigentliche Verantwortliche .. 43
5. Der Glaube als höchster Schutz 44
6. Das „Geheimnis der Bosheit“ 45
a) Auf der Ebene des Unsichtbaren 45
b) Auf der Ebene des Sichtbaren 45

V. Kapitel: Die Kirche von heute gegenüber der Sünde 49
1. Die Sünde im Herzen der Welt 49
2. Der gegenwärtige moralische Zerfall 51
a) Die Achtung vor dem werdenden menschlichen Leben 52
b) Die Achtung vor der Liebe 52
3. Im Bewußtsein der Christen schwindet der Sinn für die Sünde 54
4. Ein Alarmruf 56

ZWEITER TEIL: CHARISMATISCHE ERNEUERUNG UND MÄCHTE DER FINSTERNIS

VI. Kapitel: Die charismatische Erneuerung als „Erfahrung“ des Heiligen Geistes 60
1. Die Bedeutung des Wortes „charismatisch“ ... 60
2. Die Grunderfahrung der Erneuerung 61

VII. Kapitel: Die Erneuerung und das wieder aufgelebte Gespür für den bösen Feind 65
1. Der Heilige Geist macht sensibel für die Bosheit der Sünde 65
2. Der Heilige Geist macht sensibel für den geistlichen Kampf 67

VIII. Kapitel: Erneuerung und Dämonologie 69
1. Im nicht-katholischen Bereich 70
2. Im katholischen Bereich 73

IX. Kapitel: Praxis der „Befreiung“ von Dämonen in katholischen Kreisen 78
1. Was versteht man unter Exorzismus? 78
2. Beschreibung des Vorgehens bei einer „Befreiung“ 79
3. Was wird mit dem Begriff „Befreiung“ in Wirklichkeit verdeckt? 82
4. Eine unscharf gezogene Grenzlinie 83

X. Kapitel: Erneuerung und Teufelsaustreibung: Theologische Bemerkung 86
1. Ist die Erfahrung letzter Maßstab für die Wahrheit? 87
2. Die Kirche, die einzige autorisierte Interpretin 89

XI. Kapitel: Erneuerung und Teufelsaustreibung: Psychologische Bemerkungen 92
1. Schwierigkeit der Diagnostik 92
2. Psychologische Gefahren für den „zu befreienden“ Menschen 95
3. Gefahren für die bei der Befreiung Verantwortlichen 96

DRITTER TEIL: DIE ERNEUERUNG IM HERZEN DER KIRCHE

XII. Kapitel: Die notwendigen Harmonisierungen ... 100
1. Die Notwendigkeit einer grundlegenden Harmonisierung 100
2. Einladung an die Verantwortlichen der Erneuerung 103

3. Einladung an die Verantwortlichen der Kirche 105
a) Notwendigkeit einer ungekürzten theologischen Lehre 105
b) Notwendige Überprüfung der Kriterien des Rituale Romanum 106
c) Notwendigkeit einer neuen Pastoral im Bereich des Exorzismus 109
d) Der dem Bischof vorbehaltene Exorzismus und die dementsprechende Stellung von Priestern und Laien 110

XIII. Kapitel: Abschließende Überlegungen 115
A. Vom Oster-Ereignis her 115
1. Ostern im Herzen unseres Glaubens 115
2. Sieg aus der Eucharistie 117
3. Sieg aus dem Namen Jesu 118
4. Gegenposition 119
B. Von der Gesamtkirche her 120
1. Maria und die Heiligen 121
2. Die Engel 122

Schluß 125